愛知大学国際問題研究所所蔵

LT·MT貿易関係資料 補巻1

日中記者交換関係資料 1

［監修・解題］井上正也

ゆまに書房

刊行にあたって

ゆまに書房編集部

一九六二年一一月に締結されたLT貿易協定は、日中両国で「準政府間貿易」を確立した画期的な合意であった。このLT貿易の枠組みの中で、一九六四年四月に松村謙三と廖承志との間で交わされた「日中双方の新聞記者交換に関するメモ」（以下、日中記者交換協定）は、戦後初めて日中両国の記者が相手国の首都に相互に常駐することを可能にした。

LT貿易とその後身のMT貿易（覚書貿易）については、愛知大学国際問題研究所が所蔵する原文書の一部を収録した『LT・MT貿易関係資料』が二〇一八年に刊行されている。同資料には、日中記者交換協定の原本や、北京駐在特派員の申請書、訪日した中国人記者の手続きに関する文書が収められている。しかし、これらは一九六六年以降のものが中心であり、記者交換協定の成立過程の分かる文書は含まれていなかった。

今回、『LT・MT貿易関係資料』を補完するものとして、日中記者交換協定の成立前後の状況を記録した一九五五年から六四年までの資料を刊行することになった。新たに見つかった資料は、一般社団法人日本新聞協会の国際課長であった笠置正明氏の遺品を譲り受けて、大切に保管されていたものである。その中身は、笠置氏自身が記者交換問題の経過をまとめたメモ、新聞協会と中国側との間で交わされた書簡や電報、新聞協会と関係官庁との懇談記録、

ＬＴ貿易関係者との協議の記録、新聞協会の理事会・委員会記録など多岐に及ぶ。いずれも原文書としては初めて公開されるものであり、これまで詳細が不明であった記者交換メモの成立に至る歴史の解明に寄与することは間違いない。

ややもすれば、廃棄される運命にある資料を保管されてきた篤志に深い謝意を表すとともに、これらの資料を用いた新たな研究や日中交流の発展に期待したい。

凡例

一、本資料集は、社団法人日本新聞協会が「日中双方の新聞記者交換に関するメモ」（一九六四年四月、以後「日中記者交換協定」）を締結する過程で作成した文書を収録したものである。日中記者交換協定は「日中長期総合貿易に関する覚書」（一九六二年一一月、通称LT貿易協定）の一環をなすものであるため、二〇一八年に小社より刊行した『愛知大学国際問題研究所所蔵　LT・MT貿易関係資料』の補巻として、全二巻を刊行する。

二、資料原本は、日本新聞協会国際課長であった笠置正明氏の遺品を、同協会元米国駐在代表の安良城竜太氏が譲り受け、保存してきたものである（譲り受けの経緯は第二巻収録の「日中記者交換関係資料について」を参照されたい）。また、資料原本は二〇二四年に国立国会図書館憲政資料室に寄贈された。

三、資料の整理、分類は安良城氏が行った。その際、日中記者交換協定に直接関係する文書には〝K〟、関連する新聞記事の切抜きには〝N〟、同協会理事会の資料には〝R〟の記号及び、番号を附して、目録を作成した。本資料集の目次は、この目録に依拠している。なお、検索の便を図るために、各頁の上部に文書番号を表示した。

四、目次には安良城氏作成の目録に基づき、文書番号、日付、件名、及び備考を記してある。資料の配列は原本が保存されている順序の通りとした。そのため、目次では文書番号通りの順序になっていない箇所がある。また、整理の都合上、文書番号が飛んでいる箇所や重複がある。ご諒解をいただきたい。

五、資料の一部には経年の劣化による判読しにくい箇所や、カスレ、汚れ、裏写り、破損を含むものがある。この点もご諒解をいただきたい。

六、第二巻巻末に安良城竜太氏による「日中記者交換関係資料について」及び、井上正也氏による「日中記者交換関係資料　解題」を附す。

〔附記〕これまで貴重な資料を保存されてきた安良城竜太様より、出版のために資料をご提供いただきました。ここに記して謝意を表明します。

第一巻　目次

刊行にあたって

凡例

文書番号	年月日	件名	備考	頁
K0001	一九五五年	中国記者団訪中名簿（七月二一日—九月六日）四六日間		15
K0002	一九五六年八月三一日	呉学文から横田実宛書簡	丁拓、呉学文の入国協力を依頼	16
K0003	〔一九五六年?〕一二月一七日	鄧拓から横田実への電文	記者交換の条件について返事	18
K0004	一九五六年一二月一九日	江尻と田中外務省情文局長懇談（一六日）メモ	理事会報告用メモ	19
K0005	一九五六年一二月二〇日	横田実から鄧拓宛電報	記者交換の条件問い合わせ電報現物	24
K0006	一九五六年一二月二〇日	日本の中共特派員希望社調査	八社が希望	28
K0007	一九五七年一月四日	鄧拓から横田実宛	記者交換の条件に関する返信	30
K0008	一九五七年一月一〇日	横田実から鄧拓宛電報	外務省との折衝経過を連絡	31

文書番号	年月日	件名	備考	頁
Ｋ０００９	一九五七年一月二四日	横田実から鄧拓宛　新協七八号	記者交換に関する書簡	34
Ｋ００１０	一九五七年一月三〇日	国際貿易記者会から村山会長宛	新聞各社記者の名刺及び新華社記者の入国に関する依頼	37
Ｋ００１１	一九五七年四月六日	江尻と近藤外務省情文局長との懇談メモ	記者交換	40
Ｋ００１２	一九五七年五月八日	鄧拓から横田実宛書簡	記者交換「平等互恵」原則	41
Ｋ００１３	一九五七年六月六日	横田実から近藤晋一外務省情文局長	五月八日鄧拓書簡を送付	43
Ｋ００１４	一九五七年七月二七日	鄧拓から横田実宛	中国文現物　翻訳なし	44
Ｋ００１５	一九五七年八月一六日	中共特派員一覧　毎日・読売・共同	新聞協会調査　朝日回答なし	45
Ｋ００１６	一九五七年八月二二日	横田実から唐沢俊樹法務大臣宛	新華社特派員の在留期間延長	48
Ｋ００１７	一九五七年八月一六日	在留期間更新許可申請理由書　法務大臣宛	丁拓・呉学文	50
Ｋ００１８	一九五七年一二月一二日	保証書（横田局長）	丁拓・呉学文	52
Ｋ００１９	〔不明〕	質問書	法務省　入国審査、検疫	56

K0020	〔不明〕	中共との特派員交換問題のいきさつ	笠置メモ	61
K0021	〔年不明〕九月一日	中国問題記者会名簿	会員五九人	66
K0022	一九五七年八月？	笠置・呉学文会見の経緯		70
K0023	一九五七年九月六日	横田から鄧拓宛	日中貿易交渉随行記者通知・至急電	73
K0024	一九五七年九月一日	帰国礼状　丁拓・呉学文	九月一〇日協会着	79
K0025	一九五七年一〇月七日	共同・山田特派員より連絡	記者交換	80
K0026	一九五七年一〇月九日	鄧拓から横田実宛書簡	中国文	83
K0027	一九五七年一〇月九日	鄧拓から横田実宛書簡	日本語訳	86
K0028	一九五七年一〇月一二日	共同・山田特派員より連絡	取材・記者交換情報	88
K0029	一九五七年一一月一五日	日中記者交換について	日本ジャーリスト会議評議員会	90
K0030	一九五七年一二月二日	中国特派員の入国に関し善処方要請　外務・法務大臣宛	新協一二三八号　編三四五	92
K0031	一九五七年一一月三〇日	中国紅十字会代表団歓迎日程表	中国紅十字会代表団歓迎委員会	94
K0032	一九五七年一二月一二日	在留期間更新許可申請理由書　丁・呉	横田から法務大臣宛	98

文書番号	年月日	件名	備考	頁
K0032-2	一九五七年一二月六日	在留期間更新保証書　丁拓・呉学文	横田から法務大臣宛	100
K0033	一九五七年一二月六日	立食会案内	丁拓・呉学文歓迎委員会	102
K0034	一九五七年一二月一六日	在留期間延長問題の政府非公式見解	笠置メモ	104
K0035	一九五七年一二月一六日	近藤情文局長との会談内容	江尻メモ	114
K0037	一九五八年一月五日	呉・丁との横田家における懇談要旨	笠置メモ	118
K0038	一九五八年一月九日	近藤情文局長との懇談メモ	笠置メモ	130
K0039	一九五八年一月一〇日	呉・丁との懇談メモ	笠置メモ	134
K0040	一九五八年一月一三日	呉・丁会見申入れ　官房長官・外務・通産相	新協三六号	139
K0041	一九五八年一月一四日	右記文書手渡しメモ	国際課	141
K0042	一九五七年一二月一〇日	記者交換懇談会開催のはがき	日本ジャーナリスト会議	142
K0043	一九五七年一二月一四日	日中記者交換問題　これまでの経緯	懇談会で配布？	144
K0044	一九五七年一二月一九日	今井入管局課長との懇談	笠置メモ	145
K0045	〔不明〕	ソ連、中共関係入国者の取扱状況	笠置メモ	148

K0046	一九五八年一月一七日	丁拓・呉学文　懇談会開催通知	発起人　浅沼稲次郎、吉野源三郎など	152
K0048	一九五八年一月二〇日	北京新華社より丁拓・呉学文への電報文	原文と要旨　横田日本語メモ	154
K0047	一九五八年一月一八日	横田から近藤情文局長宛文書	国会傍聴斡旋依頼	156
K0049	一九五八年一月二一日	衆議院事務総長宛文書	国会傍聴斡旋依頼	157
K0050	一九五八年一月二一日	参議院事務総長宛文書	国会傍聴斡旋依頼	158
K0051	一九五八年一月一日	日本見本市（広東・武漢）特派員名簿	国際課メモ	159
K0052	一九五八年一月二二日	横田から鄧拓宛電報	原文および起案文	160
K0053	一九五八年一月三〇日	鄧拓から横田宛電報	中国文	162
K0054	一九五八年二月一五日	中国紅十字会訪日代表団李徳全、廖承志から笠置宛	中国文	163
K0055	一九五八年二月二七日	時事長谷川から横田宛書簡	特派員派遣希望表明	164
K0056	一九五八年三月六日	中国特派員問題打ち合わせ会（在京六社）メモ	国際担当または編集担当が作成か？	165
K0057	一九五八年三月一三日	在北京六社記者団から共同通信宛電報文	協会への伝言依頼	166
K0058	一九五八年三月一六日	鄧拓から本田会長宛	中国文	167

文書番号	年月日	件名	備考	頁
K0059	一九五八年三月一六日	鄧拓から本田会長宛	書簡	170
K0060	一九五八年三月一七日	在北京六社記者団から本多会長宛電報文	裏面メモあり	171
K0061	一九五八年三月一七日	在北京六社記者団から六社編集局長宛	電報文	173
K0062	一九五八年三月二〇日	新聞協会から在北京六社記者団宛	電報文	175
K0063	〔一九五八年三月？〕一六日	新華社呉冷西から共同松方宛	電報文	178
K0063-2	一九五八年三月一六日？	日本新聞協会から在北京六社記者団宛		185
K0064	一九五八年三月二二日	共同松方から新華社呉冷西宛	電報文	187
K0065	一九五八年三月？	日中記者交換についてのお願い	日中記者交換促進懇談会	188
K0066	一九五八年三月？	新聞協会内部メモ　外務省と新聞側主張		192
K0067	〔不明〕	中国特派員の日本入国に関する経緯	笠置メモ？　一部欠損あり	193
K0068	〔不明〕	小冊子　三団体宛政府回答　官房長官談話　中国側反論	第四次民間貿易の途絶	198

K0069	〔年不明〕四月九日	鄧拓から本田会長宛	電報文	217
K0070	〔不明〕	鄧拓への返信草案	一部のみ	220
K0071	一九五八年三月一日	日中国交回復署名簿	日中国交回復国民会議理事長・風見章	222
K0072	一九五八年五月一日	光明日報より本田会長宛電報	メーデーの祝電	228
K0073	一九五八年五月一三日	日中両民族の伝統的友好関係の危機に直面し国民の皆さまに訴える	平塚らいてう他七名	230
K0074	一九五八年七月一日	記者交換問題の打開策について	日本ジャーナリスト会議吉野源三郎	232
K0075	一九五八年六月二一日	日中関係行き詰まり	笠置メモ	238
K0076	一九五八年八月一二日	米国務省、中共政策覚書を発表（プレスリリース）	United States Information Service	242
K0077	一九五八年八月一二日	U.S.State Department Makes Public Memorandum on China Policy	プレスリリース英語原文	256
K0078	一九五八年九月一日	日中関係危機打開国交回復促進月間諸活動について御協力お願い	日中国交回復国民会議理事長・風見章	268
K0079	一九五九年八月	台湾新聞人招待計画メモ		272

文書番号	年月日	件名	備考	頁
K0080	一九六一年五月一三日	日中記者交換問題の経緯　昭和三一年九月から三五年八月まで	笠置メモ	277
K0081	一九六一年五月一五日	日中記者交換問題の経緯	笠置メモ　理事会口頭資料報告せず	295
K0082	一九六一年五月一七日	日中記者交換促進に関する報告　横田事務局長宛	笠置メモ	302
K0083-1	一九六一年六月八―九日	中国常駐特派員派遣に関する希望調査	横田から会員代表者宛　新協第八六二号	305
K0083-2	一九六一年七月一日	訂正文書、希望社返信一二社	笠置メモ付	309

日中記者交換関係資料　第一巻

K0001

1955.7.21 — 9.5　46日　新聞工作者連誼会

産経副社長	横田実
朝日外報部	門田勲
毎日論説委員	橘善守
読売編集局次長	高木健夫
日経論説委員	針生健次郎
東京編集局次長	横田芳郎
北海道論説委員	須田禎一
中日編集局長	鈴木充
西日本論説委員	岡本順一
共同外信局長	久我豊雄
NHK放送文化研所長	中村茂
ラジオ東京調査局長	鈴木恒治
ラジオ九州東京支社支配人	白石末彦
協会総務部長	森春造

社団法人 日本新聞協会

様式 No.23 B5 上45　35−12 6000 尚文堂

新華通訊社

横田实先生：

久未修笺问候，尚希见谅。中日间友好往来，年来不断发展。继您访问中国后，又有为数不少的日本新闻界朋友来我国访问，同时，中国记者也曾随中国商品展览会和梅兰芳先生访问了日本。所有这些，对加深中日两国人民的了解、加强两国新闻工作者间的友谊，极有意义。近闻先生在日本新闻协会中，担任要职，特表祝贺。相信对今后中

社址：北京國会街二十六号　电話總机：三局七〇三三　七九三三
电报掛号：一　六　三　一

新華通訊社

日记者的友好往来，会起良好的影
响。専此
敬請
秋安

吴学文
1956 31/8

社址：北京國会街二十六号
电話總机：三局七〇三三　七九三三
电報掛号：一　六　三　一

JAPANESE TELEGRAPHS

No.	Time Sent	By	Collated by	Postage Stamps	Charges
Office of Destination	Class	Office of Origin			
No.	Words	Date	Time	Remarks	

To

PEKING 0022 0948 2450 5113 1562 0155
5074 5114 6146 2585 2585 7022
6772 2148 0341 3932

JYUNIGATSU TSUITACHI ZUKENO KIDENNITSUITE GAIMUSHOTO KOSHOSHITA
GAIMUSHOTOSHITEWA KIKOKUNI NYUGOKUSURU NIHONKISHANI TAISURU KIHOONO
TAIGUTO GOKEITEKINI TORIATSUKAU HOOSHINDE ARUGA KORENIKANSHI JUBUNNO
SHIRYOOGA NAINODE TAIDOWO KETTEI SHIKANETEIRU TSUITEWA GAIMUSHOTONO
SESSHOONO TSUGOOJO NIHONYORINO TOKUHAINNI TAISHI KIKOKU SEIFUGA
TSUGINO SHOTENNITSUITE SHORAI IKANARU HOSHINWO TORARERUKA GOHENJIKOU
FIRSTLY NYUGOKUO MITOMERU NINZU SECONDLY TAIZAIWO KYOKASURU KIKAN
THIRDLY DENPO OYOBI MAIL NIYORU KIJINO SOOSHIN KOKUNAINO RYOKO KYOJU
NADONITSUITE KEISHIKITEKI JISSHITSUTEKINI IKANARU SEIGENGA ARUKA STOP
2480 2609 2450 5113 0588 0585 2897 3944 1395

The address and signature of the sender

昭和二五・二 北越印刷

信第十號

No. 1.

昭和三十一年十二月十九日

(2) 新華社特派員（駐日）に関する交渉（についての報告、） 江尻進

（相手、田中三男氏（外務省情報文化局長）

日付、昭和三十一年十二月十九日（水）

三、内容、

ⓐ、中共との国交関係がないこと、（国交の回復した）ソ連及び衛星各国との記者交換の問題が解決していないとの理由で、外務省内及び法務府、警察方面は消極的態度をとって居る。急速の解決は困難な事情にある。

ⓑ しかし田中局長個人としては、差し当り一名を二ヶ月（延長を認めぬ）だけ入国を許し、その結果を見てその後の措置を考えるようにしてはどうかと思っている。

ⓒ ~~局長~~ 但し條件の第三項の記事の送信、移行、若

閣令七

No. 2

昭和　年　月　日

位についての中国側の回答が「国際慣例を守つて処理する」とあるだけで、具体的内容がない。共産諸国と自由諸国相互に通ずる国際慣例の定まつたものがないので、入国した後の中共特派員の互恵待遇をどうきめるか明確でないので、関係官庁の間でもなお納得できぬものがある。この点について、協会側で日本特派員について調査を進める事、両者中国側に問合せを出す事して材料を集めて貰えぬか、

(d) 日本側の特派員の（中国人の）常駐派遣は国交が開かれていないので、日本側からは問題にならない。

(e) 新華社問題についての交渉相手は新聞協会だけとする。国交がないので、中共側の外務省としては

社団法人日本新聞協會

No. 3

いかなる團体をも相手にすることができない。入国を認める場合は協会に連絡するか、らその旨を中共側に通報して貰いたい、

ⓒ江尻よりの意思表示、

1、現在の国際情勢、特に石橋新内閣の中共政策よりみて、両国関係を閉鎖状態に置くような政策は永く続かない。先方の接近希望の機会をとらえ、両国間の情報交流の契機に利用すべきものと思う。

2、従つて中共よりの特派員の常駐を二ケ月に限定するのは得策でない

3、日本側特派員の派遣については、各社が究て大に希望があるので、入国できるよう支

No. 4

対策を考慮されたい、

[illegible]、

昭和　年　月　日

社団法人 日本新聞協会

電文

中国新聞工作者聯誼会会長　鄧拓宛

十二月十七日付貴電を感謝します。貴電に基き外務省と再度交渉し打開に努めているが、回答の第三点の「国際慣例を守つて処理する」とは、具体的にいかなることを意味するかについて、詳細な説明を願いたし。

また記者交換の実現した場合には、日本側の新聞社は貴方から日本に送る特派員の数以上に多数の（八名位と推定する）特派員を派遣したい希望が出るものと思われるが、その場合貴国側でこれを認める用意があるか伺いたし。

十二月二十日

日本新聞協会

事務局長　横田　實

宛先 中日新聞工作者聯誼会 会長 鄧拓

発信 横田局長

JAPANESE TELEGRAPHS

R. No.	Time Sent	By	Collated by	Postage Stamps	Charges
Office of Destination	Class	Office of Origin		TOKYO 1.12.26 JAPAN	¥2988— ~~¥2…~~
No.	Words	Date	Time	Remarks	

To

LT PEKING 0022 0948 2450 5113 1562 0155
5074 5114 6146 2585 2585 7022
6772 2148 0341 3932

JYUNIGATSU JYUSHICHINICHI ZUKE KIDENWO KANSHASHIMASU KIDENNIMOTOZUKI GAIMUSHOTO SAIDO KOSHOSHI DAKAINI TSUTOMETEIRUGA KAITOONO DAISANTENNO "KOKUSAI KANREIWO MAMOTTE SHORISURU" TOWA GUTAITEKINI IKANARUKOTOWO IMISURUKANITSUITE SHOSAINA SETSUMEIWO NEGAITASHI MATA KISHA KOOKANNO JITSUGENSHITA BAWAINIWA NIHONGAWANO SHINBUNSHAWA KIHOOKARA NIHONNI OKURU TOKUHAINNO KAZUIJYONI TASUUNO (HACHIMEI GURAITO SUITEISURU) TOKUHAINWO HAKENSHITAI KIBOOGA DERUMONOTO OMOWARERUGA SONOBAWAI KIKOKUGAWADE KOREO MITOMERU YOOIGAARUKA UKAGAITASHI
2480 2609 2450 5113 0588 2585 2897 3944 1395

The address and signature of the sender

信第十號

昭 五・二・北越印刷

JAPANESE TELEGRAPHS

R. No.	Time Sent	By	Collated by	Postage Stamps	Charges
Office of Destination	Class	Office of Origin			
No.	Words	Date	Time	Remarks	

To
PEKING 0022 0948 2450 5113 1562 0155
5074 5114 6146 2585 2585 7022
6772 2148 0341 3932

JYUNIGATSU JYUSHICHINICHI ZUKE KIDENWO KANSHASHIMASU KIDENNIMOTOZUKI
GAIMUSHOTO SAIDO KOSHOSHI DAKAINI TSUTOMETEIRUGA KAITOONO DAISANTENNO
"KOKUSAI KANREIWO MAMOTTE SHORISURU" TOWA GUTAITEKINI IKANARUKOTOWO
IMISURUKANITSUITE SHOSAINA SETSUMEIWO NEGAITASHI MATA KISHA KOOKANNO
JITSUGENSHITA BAWAINIWA NIHONGAWANO SHINBUNSHAWA KIHOOKARA NIHONNI
OKURU TOKUHAINNO KAZUIJYONI TASUUNO (HACHIMEI GURAITO SUITEISURU)
TOKUHAINWO HAKENSHITAI KIBOOGA DERUMONOTO OMOWARERUGA SONOBAWAI
KIKOKUGAWADE KOREO MITOMERU YOOIGAARUKA UKAGAITASHI
2480 2609 2450 5113 0588 2585 2897 3944 1395

The address and signature of the sender

信第十號

昭二五・二・北越印刷

No.

十二月十八日の編集委員会で編集委員社の中共特派員派遣希望を二十日までに編集課へ申出るよう依頼した。

その結果希望社はつぎの八社である。

社名	人数	滞在期間
朝日	一	一年
毎日	一	一年
読売	一	一年
共同	一	常駐
産経	一	一年
東京	一	常駐
中日	一	常駐
西日本	一	

昭和　年　月　日

社団法人 日本新聞協会

No. 2

（協会では右外務省宛文書を翌九日起草　日発信した）

ソ連との記者交換についても、ソ連側が入国手続き（指紋をとること）その他について特例を設けるよう要求してきているので、いきなやんでいる。国交が回復したソ連との間においてさえ　このような状態なのであるから、国交のない中国との間の問題解決にはなお日時を要する。

しかし日本側でも中国に特派員を出したいという要望があるのだから　外部に知られては困るが　日中特派員交換問題は十分に考慮する。（つまり解決には相当日時を要するという点）

（以上のような経緯をにおわせた手紙を中国の聯誼会に送ることを協会では考慮する）

なお懇談中　十一日（金）の外貨割当審議会で日本側各社のモスクワ支局開設予算が審議されることが判明した。

以上

昭和　年　月　日

社団法人 日本新聞協会

日本新聞協会
横田実先生

お尋ねの交換記者の人数の問題に関して、電報いたします。

中国新聞工作者聯誼会は日本の多くの新聞社が自社の記者を中国に派遣したいという希望を持ち、同時に日本から中国に派遣される記者の人数は、互恵の原則により少くとも中国が日本に派遣する記者の人数と同数が保証されることを希望していることを理解した。日本の特派員のほうが多くなつた場合の問題については敝会は、外交部と交渉して処理する。もし外交部が同意すれば、敝会も日本と同数の記者を日本に派遣する権利を保留することができる。

居住、旅行、電報の問題に関しては中国側では従来の慣例に照らして処理することができる。何故なら貴国記者を含めた多くの外国記者が中国内で取材活動するときにはすでに各方面の便利を得ているからです。

人民日報と新華社はすでに記者を貴国に派遣して取材させる準備をしているが、いつ入国できるか明らかでない。どうか早く知らせてほしい。

新年をことほぎます。

一月四日

中国新聞工作者聯誼会
鄧拓

社団法人　日本新聞協會

新協二五号細八

昭和三十二年一月十日

社団法人日本新聞協会
事務局長　横田　実

外務省情報文化局
局長　田中三男殿

中国における日本人特派員の待遇に関する件

中国に入国する日本記者に対する中国側の待遇については日本新聞協会から中国新聞工作者聯誼会への照会電（昭和三十一年十二月六日付および同二十日付）で再度問合せいたしましたが、同会から当協会宛の返電では「国際慣例を守つて処理する」「居住、旅行、電報の問題に関しては中国側では従来の慣例に照らして処理する。貴国（日本）記者を含めた多くの外国記者が中国内で取材活動をする場合にはすでに各方面の便利を得ている」と具体的でない回答しか得られませんでしたので、当協会では過去数年のうちに中国へ入国した日本人特派員数氏から中国側の待遇に関する情報を収集いたしました。その大要をお伝えします。

一、入国　数年前までは中国内の滞在期間は一ヵ月ぐらいしか認められなかつたが、それが三ヵ月にのび、しかも延長もきくようになり、最近では半年間の滞在許可もおりるようになつた。

社団法人　日本新聞協會

〝取材活動　外国人記者は中国政府外交部新聞司は登録しなければならないことになつている。取材はすべて新聞司のスケジュールに従つて行うことになつており、中国在住の日本人のところへ日本人記者がインタービューにいく場合でも直接でかけては困るといわれたことがあるそうである。

かつては鉄道沿線、国境、軍事施設などの写真撮影は禁止されていたが、最近制限はいくらか緩和されたらしい。

〝発信　検閲は原則的にはない。しかし記事が日本の新聞に出てから、それをもとに発信した特派員に対して云々することはあるようである。

電報は局のあるところからならどこからでも打てる。

航空便も出せるが広州、香港間は列車便なので、日本まで北京から十日ぐらいかかる。

〝旅行　外国人が国内を旅行する場合には公安局に届けなければならないという法律があり、特派員も一般外人なみにあつかわれて手続きは面倒である。

新聞司でどこそこへ取材へ行かないかと誘いかけることもある。

〝所要経費　欧米諸国の特派員と同じぐらいの経費でやつていける。

ただし広東ー北京間の飛行料金は片道四万円もするから遠隔地旅行は容易でない。

タクシー代も高い、五分間幾ら一時間幾らという時間借り制で、むしろ一日貸切つたほうが安いくらいである。北京で一日貸切ると五千円ぐらいである。

アマ（女中）などは安くやとえるし、日本語のできるものもおり、料理も日本人向きのものを作らせることができる。

以上

K0008

社団法人　日本新聞協會

一、取材活動　外国人記者は中国政府外交部新聞司は登録しなければならないことになっている。取材はすべて新聞司のスケジュールに従って行うことになっており、中国在住の日本人のところへ日本人記者がインタービューにいく場合でも直接でかけては困るといわれたことがあるそうである。

かつては鉄道沿線、国境、軍事施設などの写真撮影は禁止されていたが、最近制限はいくらか緩和されたらしい。

一、発信　検閲は原則的にはない。しかし記事が日本の新聞に出てから、それをもとに発信した特派員に対して云々することはあるようである。

電報は局のあるところからならどこからでも打てる。

航空便も出せるが広州、香港間は列車便なので、日本まで北京から十日ぐらいかかる。

一、旅行　外国人が国内を旅行する場合には公安局に届けなければならないという法律があり、特派員も一般外人なみにあつかわれて手続きは面倒である。

新聞司でどこそこへ取材へ行かないかと誘いかけることもある。

一、所要経費　欧米諸国の特派員と同じぐらいの経費でやっていける。

ただし広東―北京間の飛行料金は片道四万円もするから遠隔地旅行は容易でない。

タクシー代も高い、五分間幾ら一時間幾らという時間借り制で、むしろ一日貸切つたほうが安いくらいである。北京で一日貸切ると五千円ぐらいである。

アマ（女中）などは安くやとえるし、日本語のできるものもおり、料理も日本人向きのものを作らせることができる。

以上

社団法人　日本新聞協會

新協七八号編二八

昭和卅二年一月廿四日

社団法人日本新聞協会

事務局長　横田　實

中国新聞工作者聯誼会

鄧拓　殿

日中両国間の記者交換の件につきましては、当協会は昨年十二月以来、一日も早くそれが実現されるよう、わが国外務省と折衝を続けてきておりますが、その経過につきとりあえず御連絡申しあげます。

外務省との折衝を通じて、われわれが受けた印象では、日中両国間で長期滞在の常駐特派員を早急に交換することは、目下のところむづかしいように思われます。その理由は

第一に、正規の常駐特派員を交換するのは、原則として国交のある国との間だけに限りたい。

という意向が政府各機関の中に強いため、外務省では現在貴国特派員の長期入国を許すことをちゆうちよしているように見受けられます。

第二に、外務省では貴国特派員に対する日本における待遇を、貴国に入国する日本人特派員に対する貴方の待遇と互恵的に取扱う方針であり、そのために貴国の日本人特派員に対する待遇に関する資料を求めております。

K0009

社団法人 日本新聞協會

この点については昨年十二月六日付および二十日付の貴殿宛小生からの電報でお問合せいたしましたが、それに対する貴殿からの返電の内容だけでは外務省を納得させることができませんでした。外務省では「国際的慣例による処理」あるいは「従来の慣例に照した処理」という程度では、この問題を最終的に処理する資料としては不十分であるとの態度を表明しております。

当協会では、貴国の好意により過去数年間に貴国へ入国したことのある日本人特派員から知り得た貴国における外国人記者の待遇に関する情報を外務省に伝えることによつて、問題解決を図ろうと努力いたしておりますが、いまだに外務省を満足させるところまでは至つておりません。

聞くところによれば、貴国においては年々報道に対する制限が緩和されつつあるとのことでありますが、取材・報道の自由、居住・旅行の自由などについての最近の実情および将来の方針について具体的にお知らせ下されば、問題を解決するうえに大いに役立つことと信じます。

これを要するに、目下のところでは長期滞在の常駐特派員を相互に交換することについては、残念ながら解決までに多少の時間を必要とするように思われます。しかしながら短期滞在の臨時特派員を交換することについては政府筋にも、より柔軟性のある考え方があるように思われますので、当協会としては、たとえ常駐特派員の即時交換が困難な場合でも短期の臨時特派員交換が可能となるよう、ひきつづき外務省と交渉いたすつもりでおります。

なお御参考のため申し添えますが、日ソ両国間には国交が回復されましたので、ソ連との常駐特派員交換については最近ようやく具体化し、すでにタス通信社記者二名が来日して

社団法人　日本新聞協會

おります。国際的理解を深めることにより平和が維持されるものでありますから、当協会としては情報の国際的自由交流の盛んになることを切望しておりますが、以上のような経緯で問題の解決が遅れていることを遺憾に存じております。しかし今後とも貴国との記者交換を実現させるため、あらゆる協力を惜しまないつもりであります。

貴会の御発展を祈ります。

以上

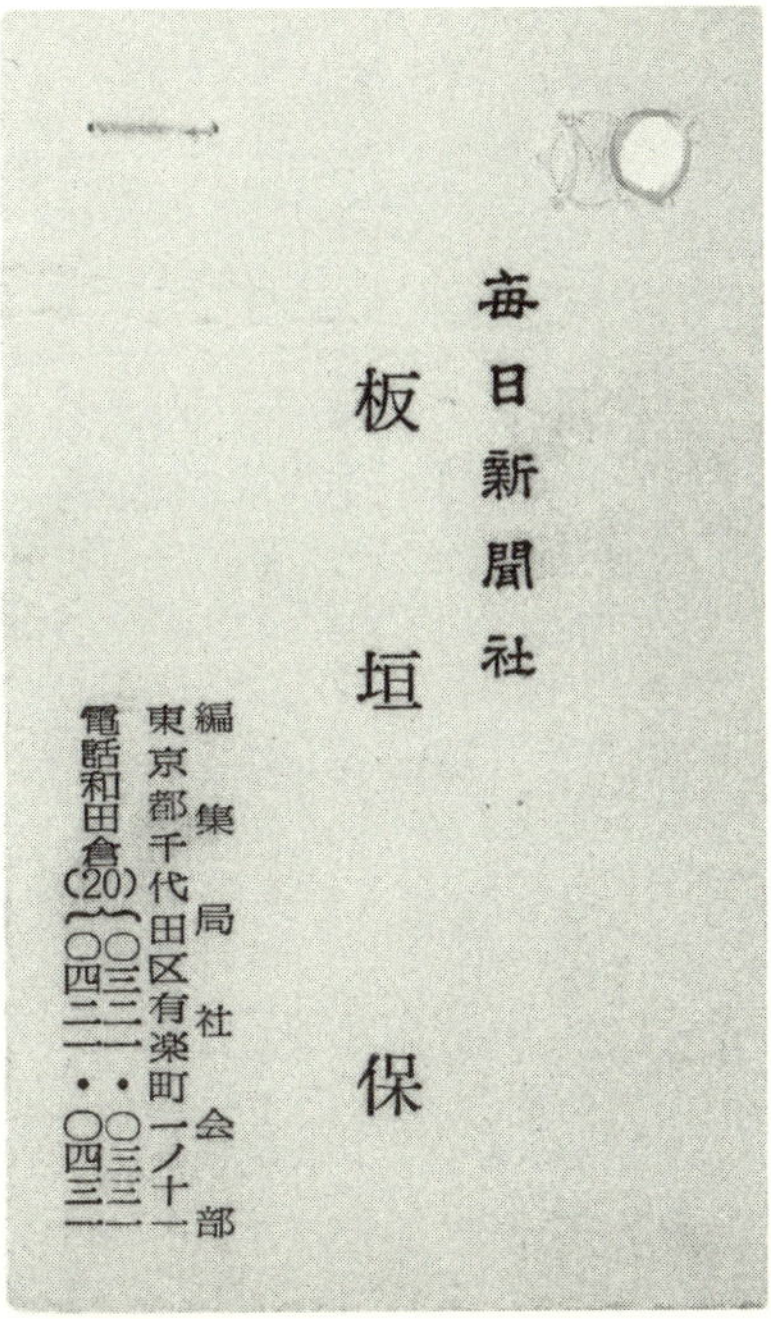
毎日新聞社
板垣保
編集局社会部
東京都千代田区有楽町一ノ十一
電話和田倉(20)〔〇三二一・〇三三一
〇四二一・〇四三一

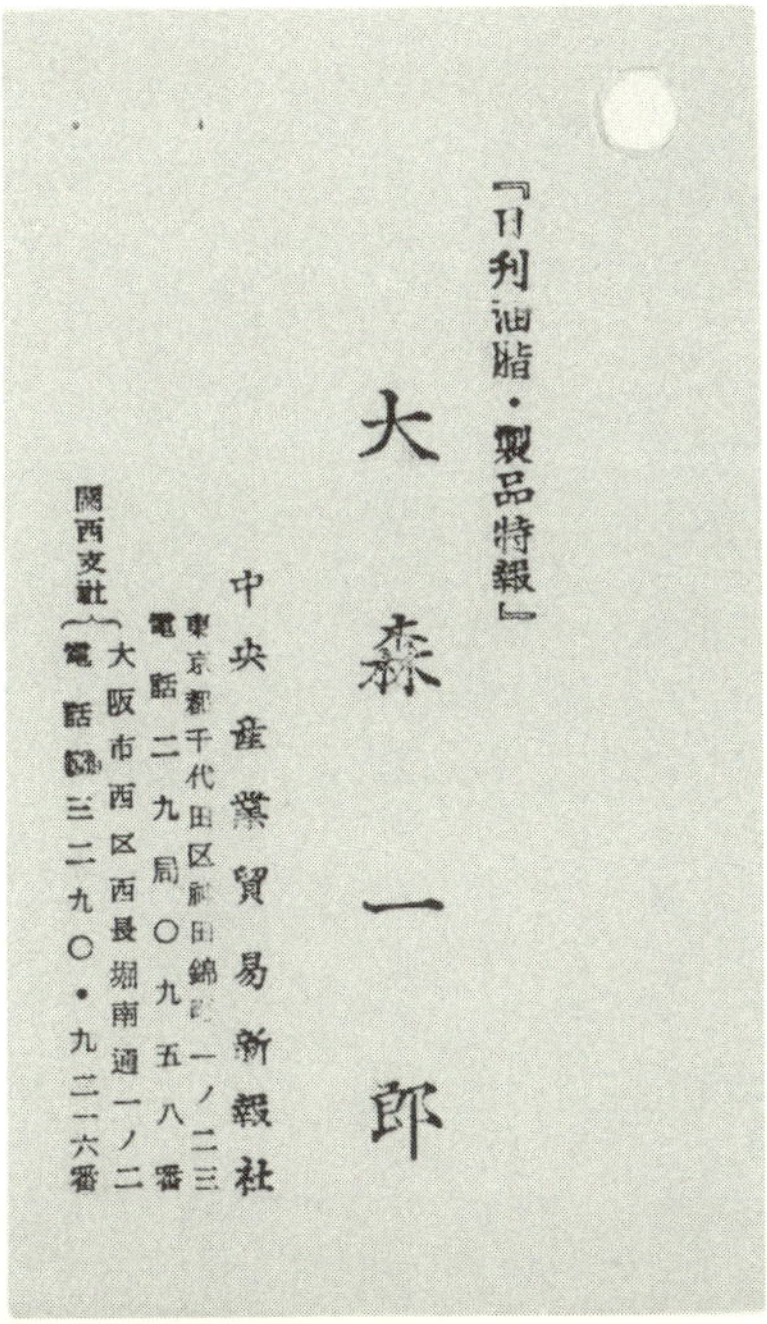
『日刊油脂・製品特報』
大森一郎
中央産業貿易新報社
東京都千代田区神田錦町一ノ二三
電話二九局〇九五八番
関西支社〔大阪市西区西長堀南通一ノ二
電話[illegible]三二九〇・九二一六番

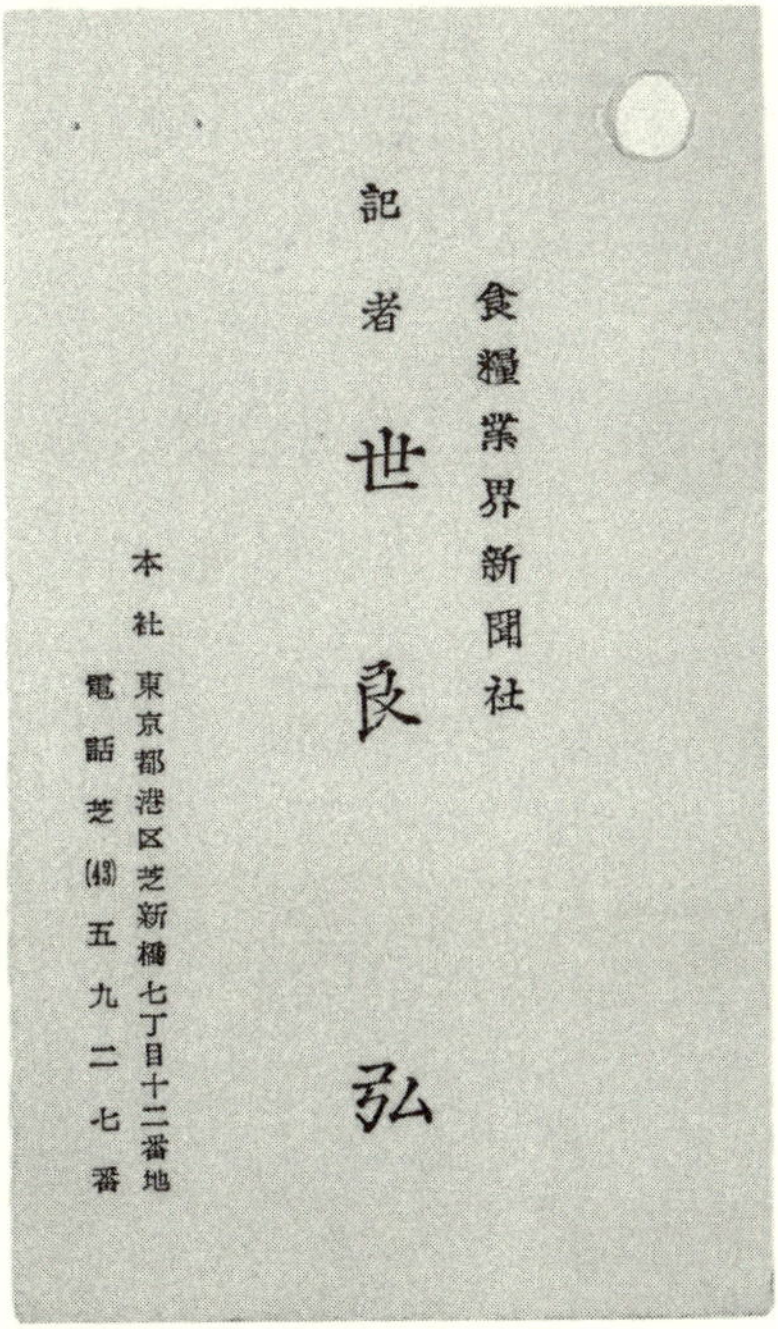
食糧業界新聞社
記者
世良弘
本社 東京都港区芝新橋七丁目十二番地
電話 芝(43)五九二七番

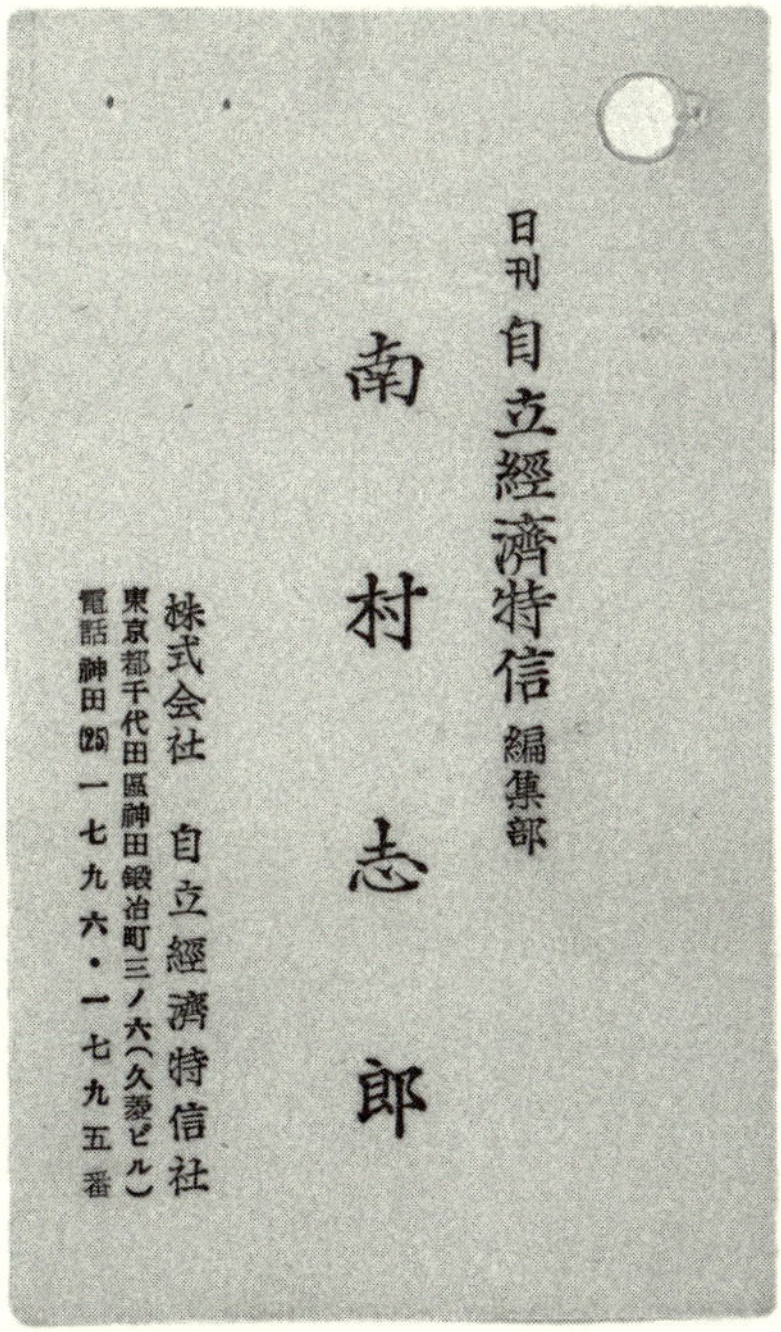
日刊 自立經濟特信 編集部
南村志郎
株式会社 自立經濟特信社
東京都千代田區神田鍛冶町三ノ六（久菱ビル）
電話神田(25)一七九六・一七九五番

32.1.30

係	課長	部長	事務局長

新華社記者入国に関するお願い

新華社通訊社記者呉学文・丁拓両氏の日本入国問題につき、貴協会が昨秋来払われております御努力に当記者会は深甚なる敬意を表するものであります。

当記者会におきましても、既に六名の記者を中国に送り、中国新聞工作者聯誼会との交流を行つておりますが、昨年の北京上海日本商品展覧会の際にも直接聯誼会および両氏より本問題解決の促進方を要請されております。当記者会では一月十三日総会を開催貴協会の一層の御努力により、速やかに両記者の入国が実現するよう御取計いを願うことになりました、よろしく御高配方御願い申上げます。

昭和卅二年一月卅日

国際貿易記者会は業界紙二十四紙をもつて構成されたクラブです

日本新聞協会
会長　村山長挙殿

千代田区丸の内三の六
（日本国際貿易促進協会内）
国際貿易記者会

No.

四月六日（土）

近藤情報文化局長との会談　江原

中共との特派員交換問題については、個人としては解決してもいいと思うが、まず外務省の意見がまとまったら関係各省とも折衝しよう

いずれにしても暫定的な措置を講ずることはまぬかれないところだろう。

この問題の経過を外部に発表されると、国会などで政治問題としてとりあげられるおそれもあり、そうなると役所として推進しにくくなるから、解決を迅速にするためにも発表はひかえてほしい。

昭和　年　月　日

社団法人日本新聞協会

中国人記者の入国問題に関する中国新聞工作者聯誼会からの日本新聞協会宛書簡

前　略

今年二月貴方から手紙で、中国側に対し日本人記者八名の取材のための入国に同意するかどうか、またその中国での居住、旅行、郵電の利用などにどのような形式上あるいは実際上の制限があるのかどうか、について問合せがありました。われわれが外国記者管理局筋から知りえたところによると、中国は平等互恵の原則と一視同仁の精神に基いて外国との記者交換および外人記者の待遇問題を取扱っています。関係当局はさらに日本人記者の入国に数多くの便宜を与えかなり多数の日本人記者の中国入りを許可したし、かれらの滞在期限延期要求にも、できるかぎり応じてきたことを明らかにした。こうした事情は日本外務省が新華社記者二名の入国許可を延々と引延ばしているのとくらべると、貴方がたは中日両国の記者交換を妨げている責任が中国側にないことがおわかりでしょう。

日本人記者の中国での居住、旅行および郵電の利用などの問題については、関係当局は、中国を訪問した日本人記者達がその体験によって中国の関係筋がかれらに対しできるかぎりのお世話をしたことを知り得ただろうと言っています。われわれは中日両国が国交を回復していなくても、両国が互いに記者を派遣することを妨げないと考える。しかも事実上日本は共同通信社の記者を派遣し、北京に駐在して比較的長期にわたり取材活動しているわけです。

われわれは貴国外務省がこうした事情を了解され、さらに貴方と日本新聞界の友人達の援助によって、新華社記者二名の入国許可問題が早期に解決することを切に望んでいます。

最後に貴方の事業の発展と御健康をお祈りします。

五月八日

中国新聞工作者聯誼会
会長　鄧　拓

日本新聞協会
事務局長　横田　實　殿

昭和三十二年六月六日

外務省情報文化局
局長　近藤晋一殿

社団法人日本新聞協会
事務局長　横田實

中国人記者の入国問題に関し、五月八日付で中国新聞工作者聯誼会会長鄧拓氏から私あてに別紙のような書簡（訳文）がまいりました。
御参考までにお送り申上げます。

以上

横田実先生：

兹乘新华社記者丁拓、吳学文两先生訪日之便，特請他們代向您致衷心的問候。

丁、吳两先生是按照横田实先生的意見，随中国和平代表团去日本，然后留下作采訪活动，为增进中、日两国人民的了解和友誼服务。对于这点希望您惠予鼎助。

有关中日交換記者問題，自去年秋季以来，曾經函电往返，但迄无进展，此次特請丁拓、吳学文两先生代表中国新聞界同日本新聞界就此問題进行具体商談。

顺祝

健康

中华全国新聞工作者协会

会长 邓拓

付会长 吳冷西

1957年7月27日

毎日新聞社

編集局次長	橘　善守	昭和30年7月－9月
調査部副部長	名取義一	29年9月－10月
経済部副部長	島津国臣	31年9月－11月
学芸部員	杉本要吉	32年4月－6月
写真部長	安保久武	32年4月－6月
政治部員	石畑太郎	32年4月－5月.

社団法人　日本新聞協会

中共渡航者一覧　読売新聞社

氏名	所属	出発	帰国
磯部忠男	政治部	29.9.26	29.10.30
鷲尾千菊	婦人部	29.9.27	29.10.30
樽渕政夫	外報部	30.5.7	30.6.7
高木健夫	編集局次長	30.7.21	30.9.5
金口進	社会部	30.10.20	30.11.25
中沢道明	〃	31.6.20	31.7.3
戸川雄次郎	〃	31.7.18	31.8.5
片柳英司	〃	31.8.22	31.9.8
秋元秀雄	経済部	31.9.25	31.12.8
田村祐造	政治部	32.4.10	32.5.6

讀賣新聞社
東京都中央區銀座西三ノ一
電話京橋(56)六二八一ー九
編集局庶務部長

KYODO
東京都千代田区
日比谷公園2番
社団法人 共同通信社
電話 東京59 2121(代) 2131(〃) 7171(〃)
電略 トウケウ ケウドウ

昭和三十二年八月六日

外信部長
飯塚照二

新聞協会殿

回北京派遣特派員の件

標題の件御問合せの件は次の通り御報告します。

一、依岡健一郎 昭和31-1-25から31-5-14
山田礼三 昭和31-6-7から31-12-27
今村俊行 昭和31-12-27から現在に至る
（以上は発令年月日を基準にしたもので、現実の入国、離国とは若干ズレがあります）

一、以上のほか使節団随行などいわゆる臨時特派されております。

（以上）

新協八五六号編二四三、
昭和卅二年八月廿二日

社団法人日本新聞協会
事務局長　横田　実

法務大臣
唐沢俊樹殿

新華通訊社特派員の在留期間延長に関する件

本月十二日から東京で開催された第三回原水爆禁止世界大会に参加するため来朝した中華人民共和国代表一行のうち、新華通訊社特派員呉学文および丁拓の両氏は、この機会に日本の近況を視察するため、在留期間の一カ月延長を希望しております。

新華社は中国官営の通信社で、同社では昨年九月に特派員二名の日本入国をわが国外務省に申請するとともに、当協会にもそのあっせんを依頼してまいりました。当協会は自由諸国の新聞界と同じ国際間の報道の自由交流を希望しておりますので、日中間の国交関係の有無に拘わらず新華社特派員のわが国への入国も可能となるよう、昨年来外務省と折衝をつづけてまいりました。なおわが国からは、昭和二十九年以降すでに数十名の新聞人が中国に入国することを許されており、現に朝日新聞社および共同通信社の特派員が北京に駐在しております。

日本と中国との間にはいまだ国交が回復されていないために、政府機関のうちには正規の常駐特派員を交換することに反対の空気もあるようでありますが、前記新華社特派員両氏の場合は、わずか一カ月の短期滞在を希望しているにすぎませんので、この際両氏の在留期間更新申請が許可されるよう、貴殿の御高配をわずらわしたく存じます。

なお今回の中国側の希望を日本側が拒否した場合には、現在北京に駐在している日本の特派員の今後の在留希望も中国側に拒否されるおそれがあります。これは直接の情報ルートを断たれるという意味で、新聞界のみならず、わが国全体にとりましても大きな損失と思われます。最近では国交のないフランスと中国との間にも特派員の交換が実現されております。まして相隣接する日中両国間においては、相互に十分な報道を行いお互いに理解を深めあうことが緊要と存じます。そうした点も政治的に十分御考慮のうえぜひとも善処方よろしくお願い申しあげます。

以上

社団法人　日本新聞協会

在留期間更新許可申請理由書

原水爆禁止世界大会に参加のため本月五日入国した私たち両名は、この機会に日本を視察いたしたいと思いますので、在留期間更新許可申請をいたし、さらに一ヵ月間貴国に滞在したいと存じます。

昭和三十二年八月十六日

中華人民共和国新華通訊社特派員
中華全国新聞工作者協会国際連絡部副部長

中華人民共和国新華通訊社国際部副主任
中華人民共和国新華通訊社特派員

法務大臣
唐沢俊樹殿

6頁 2行

今日禅界沈滞す

二、日本国は今の

ここ学

三、浮いて手足[illegible]ゐない

[illegible]理を持つ

四、~~如~~日本の外部の権利を[illegible]

五、此[illegible]

につき

仏[illegible]

しる、

左記[illegible]

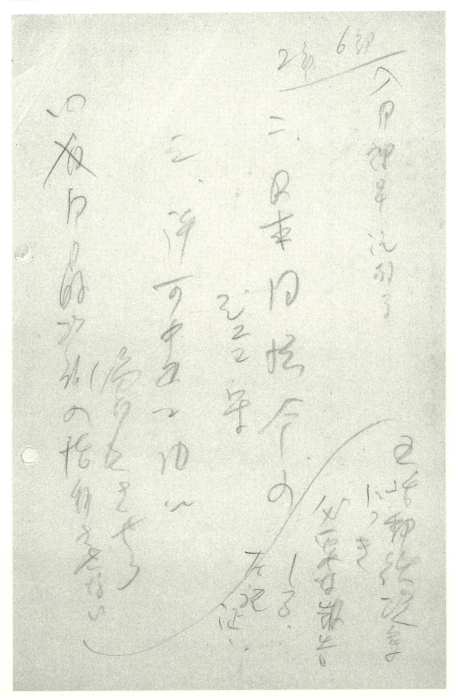

保証書

東京都千代田区永田町水産会館　丸の内一ノ一〇　ホテル、テイト
グランド・ホテル三一九号室

呉学文　一九二三年一〇月九日生

丁拓　一九一九年一二月二七日生

右両名が在留期間更新許可申請をするに際し、私は保証人として左記事項につき責任をもつて保証いたします。

一、在留期間中の一切の生活費
一、必要時における帰国旅費全部
一、滞在中におけるすべての行為および行動

右確かに相違ありません

昭和三十二年~~八~~十二月~~十六~~十二日

保証人

東京都世田谷区上馬町一ノ六六〇

横田　實

（日本新聞協会事務局長）

続柄　友人

法務大臣

唐沢俊樹　殿

保証書

東京都千代田区永田町水産会館
グランド・ホテル四一三号室

具　学文
一九二三年一〇月九日生

丁　拓
一九一九年一二月二九日生

右両名が在留期間更新許可申請をするに際し、私は保証人として左記事項につき責任をもつて保証いたします。

一、在留期間中の一切の生活費
一、必要時における帰国旅費全部
一、滞在中におけるすべての行為および行動

右確かに相違ありません

昭和三十二年八月十六日

保証人

東京都世田谷区上馬町一ノ六六〇

横田　實

（日本新聞協会事務局長）

続柄　友人

法務大臣

唐沢俊樹　殿

Application No.

IMMIGRATION BUREAU, MINISTRY OF JUSTICE

質　問　書
QUESTIONNAIRE

法務大臣殿
TO: MINISTER OF JUSTICE

年月日
Date :

（この質問書はあなたの申請された事項について審査を行う上に必要なものでありますから出来る限り詳細に記載して下さい。）

(This questionnaire is necessary in conducting examination in regard to your application for a change and an extension in your immigration status and therefore you are requested to answer the following questions in the minutest possible detail.)

中国又は韓国名は漢字併記のこと。

Chinese and Korean names are to be given also in chinese characters.

q. 1. 氏名 Full name. 性別 Sex.
Last　First　Middle

年令 Age.

職業 Occupation.

人種 Race.

本籍地 Permanent domicile.

国籍（二重国籍の場合のみ、あなたの有する総ての国籍を書いて下さい。）
Nationality (Dual nationalities are to be mentioned)

外国人登録証明書番号
Alien Registration Certificate number.

発行年月日
Date of issuance.

発行者名
Issuing authority.

q. 2. 配偶者との婚姻関係及び氏名，人種，国籍，年令，住所，在留資格
Present marital status with name, nationality, race, age, address and immigration status of spouse.

氏名 Name　年令 Age.　国籍 Nationality.

人種 Race.　在略資格 Immigration status.

現住所 Presents address

q. 3. 日本に住んでいるあなたの子供の氏名，人種，年令，在留資格
Name, race, age and immigration status of your children staying in Japan.

q. 4 あなたの両親の氏名 Parents' names.　父 Father.　母 Mother.

出生地 Places of birth.

1

国　　籍
Nationality.

在留資格
Immigration status

現住所
Present address.

q. 5. あなたは前に日本に住んでいたことがありますか？住んだことがあればその地名と期間を記載して下さい。
Had you lived in Japan before? If so, where and how long?

q. 6. あなたは最近入国の際入国審査官によつて審査を受けて入ることを許されましたか？
Were you examined and admitted to Japan by an Immigration Inspector when you last entered?

yes

査証による入国年月日
Date of entry with visa

再入国許可書による再入国年月日
Date of reentry (with reentry permit)

在留資格
Immigration status

在留期間
Authorized period of stay.

日本への出発地
Name of the port of departure for Japan.

q. 7. あなたの職業上の経験や，技術的経験は？
What is your professional, technical experiences?

q. 8. あなたは日本に何時まで滞在する予定ですか？
How long do you expect to stay in Japan?

q. 9. 日本でのあなたの生活費はどういう方法で得られますか？若し会社に勤めているならば会社及び収入額を記入して下さい。
How do you intend to earn your living in Japan? If you are employee, mention employer's name and the amount of salary.

q. 10. あなたが帰国するときは誰が支払いますか？
When you leave Japan, who will pay your fare?

[illegible]

q. 11. あなたは日本にどれ位の資産をお持ちですか？
What property or other resources have you in Japan?

外国為替記録手帳の残高
Balance of your foreign exchange record book

銀行預金残高
Balance of bank deposit.

現金（小切手を含む）
Cash (including cheque)

その他
Others.

2

q. 12. もしあなたが外国会社に雇われているならばその会社は日本で登録されておりますか？（営業種目及び資本金等について記載して下さい。）
If employed by a foreign company, has your company effected due registration in Japan?
(describe in respect line of business and capital, etc.)

q. 13. あなたとあなたの会社は日本政府によつて課せられたすべての税金を完納していますか？
Have you paid in full all current taxes imposed upon you by the Japanese Government?

年月日 Date. ________ 納税額 The amount of tax. ________ 税務署 Taxation office. ________

q. 14. あなたはこれまで取調べられたこと，逮捕されたことまたは起訴されたことがありますか？若しあればその理由を詳細に記載して下さい。
Have you ever been examined, arrested or indicted? If so, please describe the reason in detail.

q. 15. あなたは団体若しくはクラブに加盟しておりますか，又は加盟したことがありますか？若しあればその名称と所在地。
Have you ever been or are you now a member of any organization or club? If so, mention name and address.

q. 16. あなたの保証人の氏名，続柄，職業，在留資格及び住所（電話番号）を書いて下さい。
Please mention name, occupation immigration status and address (Tel. No.) of your guarantor and relationship to him (her).

氏名 Name. [illegible] 続柄 Relationship. ________

職業 Occupation. ________ 在留資格 Immigration status. ________

住所（電話番号）Present address (Tel. No.) ________

q. 17. 日本にいるあなたの親戚の氏名，住所，在留資格を記入して下さい。
Name all relatives in Japan and give their addresses and immigration status.

q. 18. あなたの知人三人の氏名，現住所及び職業を記載して下さい。
Please name three references who know you well (note also their addresses and occupations.)

q. 19. あなたが世話しなければならない人が日本にありますか？
What persons in Japan have you to support? ________

その人達の氏名
Their names. ________

3

住　　所
Addresses. ....

国　　籍
Nationalities. ....

在留資格を書いて下さい。
Immigration status. ....

q. 20　あなたの特徴を次の通り記入して下さい。
Please describe any distinguishing physical characteristics as follows:

目の色
Color of eyes. ....

髪の色
Hair. ....

身長
Height. ....

体重
Weight. ....

傷痕
Scars. ....

外科切断の有無など
Amputations, etc. ....

q. 21.　あなたへの連絡場所又は事務所及び電話番号を記載して下さい。
Your address (home or office) and telephone number: グランド ホテル

下名私は以上の質問に対して真実を述べ何事も隠さず記載したことを誓約致します。

I, the undersigned, hereby swear that in response to the above questions I have stated the truth conscientiously, concealing nothing.

申請人
Applicant. ....
(署　名)
(Signature)

4

中共との特派員交換問題のいきさつ

昭和三十一年九月十七日、中国の新華社は同社記者二名の日本入国を日本外務省に申請し、あわせて日本新聞協会に援助を求めてきたが、外務省からは何の回答も得られなかったため、十二月一日再び申請を行うと同時に、前回と同様、中国新聞工作者協会会長鄧拓氏から、当協会事務局長宛十二月一日付電報で協力を要請してきた。

（２）

これにより、協会では江尻局次長が田中外務省情報文化局長と懇談したのち、十二月六日、日本外務省がこの問題に対する態度を決定しうるための資料として、日本からの特派員に対する中国政府の方針を照会する電報を打った。

これに対して十二月十七日に返電があり、約一年の滞在期間で二名の記者を交換したい旨希望してきた。この回答を得て、協会では再度外務省と交渉したが、同省では回答中国国内滞在中は「国際慣例を守って処理する」とは具体的にいかなることを意味するかが不明なため、依然態度を決しかねている様子なので、総会では重ねて十二月二十日付電報で中国側に具体的説明を求めるとともに、中国側の交換希望数を上廻る日本人記者を認める用意があるかどうかを問合せた。

これに対する昭和三十三年一月四日付中国側回答は、日本人記者の中国滞在中の待遇につき前の回答の線を出ていないため、外務省は何らの態度も表明しなかった。
そこで、当協会では、一月十日、田中外務省情報文化局長に対して、中国における日本人特派員の待遇についての情報を提供、一月二十四日付で、~~中国聯誼会~~鄧拓会長宛~~書~~書簡を送り、その後の経過と日本外務省のこの問題に対する見解を伝えた。

（4.）

これに対して中国側は、五月八日付当協会事務局長宛書簡で、従来中国側は平等互恵の原則と一視同

（5）

仁の精神でこの問題を取扱ってきたこと、この問題の解決を妨げている責任が中国側にはなく日本外務省の態度にあることを指摘し日本外務省がこうした事情を了解されるよう希望してきた。

八月五日 原水爆禁止世界大会に参加のため来朝した中国代表団中に呉学文・丁拓両氏が加わっており、両氏は七日協会に横田事務局長を訪問して滞在期間延期あっせんを依頼した。
（両氏の滞在許可期間は二十日間、八月二十五日まで）

中国問題記者会会則

一、本会はニユーズ・マンとしての立場から中国問題について取材、調査、研究を行うとともに中国問題関係記者の親睦をはかるをもつて目的とする。

二、本会は新聞、通信、放送の中国問題関係記者をもつて組織する。

三、本会は総会および幹事会を設く。

四、総会は少くとも各社ごとに一名以上の代表出席により成立する。出席不可能の会員は他の会員に委任することができる。総会は幹事会が召集し、少くとも年二回開く。加入各社の三分の一以上が総会開催を要求する場合にも開かなくてはならない

五、総会は組織の変更、予算、その他会の運営に関する重要事項について協議決定する。

六、幹事会は総会によつて互選された幹事若干名によつて構成され、本会の目的に沿う会の運営および会費徴集に当る。幹事の任期は六ヵ月とする。

七、本会に加入を希望するものについては総会の過半数をもつてその可否を決する。

八、本会に顧問若干名を置くことが出来る。

九、本会の会費は会員一名につき月額壱百円とする。

K0021

中國問題記者会名簿

（一九五七年九月一日現在）

朝日新聞社　千代田区有楽町二ノ三　電話二〇―〇一三一・〇一三一

宮本源七郎（外報部）
岡崎俊男（外報部）
山田友二（外報部）
高市恵之助（外報部）
松野谷夫（外報部）
野上正（外報部）
秋岡家栄（外報部）
大久保泰（外報部）

毎日新聞社　千代田区有楽町一ノ一　電話二〇―〇三三一・〇三三一

杉本要吉（学芸部）
若菜正義（在台北）
新井宝雄（外信部）
高田富佐雄（外信部）
江頭数馬（外信部）
宮崎光夫（外信部）
加藤通夫（外信部）
橋原孝衛（外信部）

太田誠（在ニューデリー）
今村俊行（外信部）
岩崎公彦（外信部）
泉鴻之（外信部）
福原亨一（外信部）
石上韶（特信部）

日本経済新聞社　中央区日本橋茅場町二ノ一六　電話六七―〇二五一

斎藤志郎（外報部）
小堀周（外報部）

中部日本新聞社　千代田区内幸町二　電話五九―〇五七一

山村治郎（経済部）
曾我部浩一（外信部）
古谷豊（外信部）
伊藤喜久蔵（在香港）

西日本新聞社　中央区八重洲六ノ一福岡ビル　電話二八―二四二一

益田憲吉（政経部）
加藤和（政経部）
小屋修一（外信部）

読売新聞社 中央区銀座西三ノ一 電話五六―一一一一
飯塚正次（外報部）
西村忠郎（外報部）
釜井卓三（外報部）
橋内武道（外報部）
関憲三郎（在香港）

時事通信社 千代田区日比谷公園二 電話四三―〇五六一
井上昌三（外報部）

産業経済新聞社 千代田区大手町一ノ三 電話二三―〇一六一
柴田穂（外信部）
菅栄一（外信部）

共同通信社 千代田区日比谷公園二 電話五九―二一二一
宍戸寛（在カイロ）
山田礼三（外信部）
上出正七（外信部）
永峰正樹（在ボン）
清水長三（外信部）
小泉辰雄（外信部）

北海道新聞社 中央区銀座西七ノ五 電話五七―三一三一
小林直一（外報部）
大久保義昭（外報部）

東京新聞社 千代田区内幸町二 電話五九―八六四四
石田重光（外報部）
鈴木定夫（外報部）
中俣富三郎（外報部）
来海明親（外報部）

朝日放送 中央区銀座西六ノ三 朝日ビル 電話五七―三一二一
田尻泰正（放送部）

NHK 千代田区内幸町二ノ一 電話五九―九八二〇
森三郎（嘱託）
山口和子（国際局編成部）
石沢深見（外信部）
辻野泰夫（国際局編成部）
鈴木明（解説室）
小秋本隆一（解説室）

（　　）

劉寧一氏を団長とする中国代表団は総評の招きで総評大会ならびに原水禁大会に参加のため七月二十九日香港からのBOAC機で来日、ホテル東急に宿泊した。

翌七月三十日朝、代表団の一員として来日した新華社記者呉学文氏を笠置国際課長がホテルに訪問し、非公式に「横田事務局長が食事でもいっしょにしながら懇談したい」旨申し入れたが、呉氏は「総評大会、原水禁大会の日程が

（　　）

つまっており、もしも二週間の滞在期間の延長が許されるならば広島、長崎にも旅行したいと思っているので、目下のところ予定がたたない」とのことであったので、笠置国際課長はとりあえず呉氏の来日を歓迎するあいさつを述べただけで別れた。

日本政府は一行の滞在延期を認めなかった為め、一行は八月十日帰国したが、日中記者交換問題については八月十五日号協会報記事に報じられていることのほか、

（　　）

九日には森総務部長がホテル東急で九日に呉氏と懇談
（メモは局長の手元にあり）している。
（また）呉氏は十日に朝日を訪問している。
その後明らかにされたところによると　呉氏はオーストリア
のバーデンで十月十八日から五日間開催される第二回ジャー
ナリスト世界大会に出席する日本代表を十月一日の国慶
節に招きたいという日本ジャーナリスト会議　小林・本田両
氏が、中国新聞工作者協会からの招待状をもらっている。

社団法人　日本新聞協会

様式 No.23 B5 上45　　35―6 3000　尚文堂

32.9.6

至急

承認	事務局長		部長		課長	

昭和32年9月6日

起案者氏名印

件名 日中貿易協商代表団に随行する記者団に対する便宜供与方依頼の件

電報

北京

中国新聞工作者協会会長

鄧拓殿

局長名

社団法人 日本新聞協会

国際

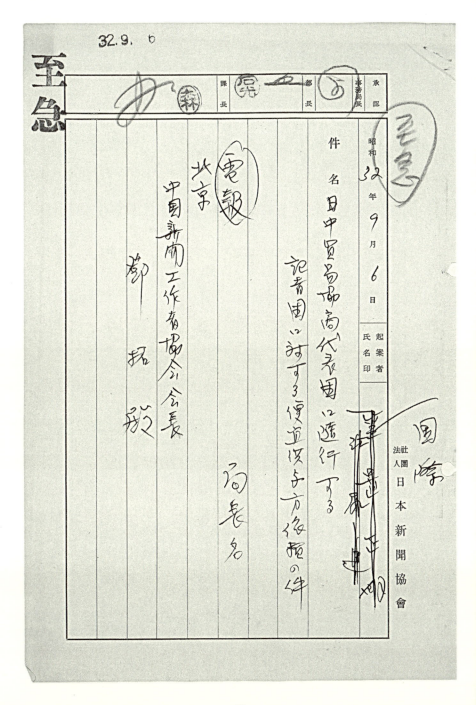

至急

No.

昭和　年　月　日

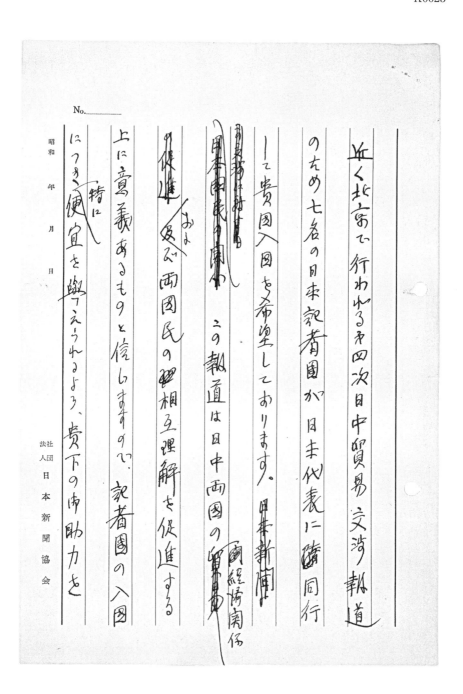

近く北京で行われる第四次日中貿易交渉報道のため七名の日本記者団が日本代表に同行して貴国入国を希望しております。この報道は日中両国の経済関係の促進および両国民の相互理解を促進する上に意義あるものと信じますので、記者団の入国につき特に便宜を与えられるよう、貴下の御助力を

社団法人　日本新聞協会

No.

お願い致します。

記者団の名簿は三団体から電報した通り　次の

七名であります。

東京より同行するもの

朝日　三好、　毎日　宮官、　読売　三品、

共同　山田、　NHK　小林、

香港より同参加するもの

産経　長谷川　中部日本　伊藤、

昭和　年　月　日

(発信者)　〃　日本新聞協会　横田実

社団法人 日本新聞協会

第四次日中貿易協定交渉のための協商代表団
これに同行、報道するための記者の入国、便宜供与の件

朝日 経済部 三好崇一（シュウイチ）
毎日 社会部 高宮敬
読売 政治部 三品鼎
共同 経済部 山田克彦
NHK 報道局 小林一夫

以上五名は東京から同行

産経　長谷川仁

中部日本　伊藤

以上二名は香港特派員で香港から合流の予定

TELEGRAM

KOKUSAI DENSHIN DENWA CO., LTD.

32. 9. 6

R. No.	ORIG. No.	TIME SENT	BY	COLLATED BY	CHARGES
					TOKYO 6.9.57 JAPAN

ROUTE	CLASS	STATION FROM	WORDS	DATE TIME	REMARKS
VIA					

¥2,772.-

TO TEI TAKU KAICHO
CHUGOKU SHINBUN KOOSAKUSHA KYOKAI
PEKING

ACCEPTED BY 10

EXAMINED BY

CHIKAKU PEKINDE OKONAWARERU DAIYONJI NI-CHUBOOEKI KOOSHO HOODONOTAME NANAMEINO NIHONKISHADANGA NIHONDAIHYONI ZUIKOOSHITE KIKOKUNYUGOKUO KIBOOSHITEORIMASU. KONOHOODOWA NI-CHURYOKOKUNO KEIZAIKANKEI OYOBI RYOKOKUMINNO SOOGORIKAIO SOKUSHIN SURUUENI IGIARUMONOTO SHINJIMASUNODE KISHADANNO NYUGOKUNITSUKI TOKUNI BENGIO ATAERARERUYOO KIKANO GOJYORYOKUO ONEGAISHIMASU. KISHADANNO MEIBOWA SANDANTAIYORI DENPOU SHITATOORI TSUGINO NANAMEIDESU. TOKYOYORI DOOKO SURUMONO ASAHI MIYOSHI, MAINICHI TAKAMIYA, YOMIURI MISHINA, KYODO YAMADA, NHK KOBAYASHI.
HONGKONGYORI SANKASURUMONO SANKEI HASEGAWA,CHUBUNIHON ITO.

SENDER'S NAME AND ADDRESS
(NOT TRANSMITTED) TEL.

9月10日会

新華通訊社

东京

日本新聞协会横田实先生：

我們已返抵北京。这次虽然未能在貴国多留一个时期，但我們知道諸先生已作了努力，将向你們表示謝意。我們希望日本新聞界能維护新聞自由之原則，早日实現你最后所表示的要向貴国政府正式提出中日两国交換記者的意愿，并期待你們的努力获得成功。

新华社記者　丁　拓
　　　　　　吳学文

一九五七年九月一日

社址：北京國会街二十六号　电話总机：三局七〇三三　七九三三
电报挂号：一　六　三　一

くい。（貿易促進委員会）使節団と同行の場合、取材活動が使節団の行動に限定されることは、相互主義の原則上当然である。呉学文君も本年日本に行ったとき、同じ制約を受けた。（新聞司）

こうした事情から戦犯に逢うため天津に行くといったことは極めて難しい。しかし新聞記者のよしみで、何とかして実現できるようこれからも努力する。（呉学文氏）

(2) 使節団が帰ったあと、山田だけの滞在期限延長はできない。（新聞司、呉学文氏、貿易促進委員会）

―これは呉学文氏の滞在期限延長拒否と直接結びつけられているようです。呉氏は「一年前なら即座にOKだったろう。しかし今は事情が根本的に逢う」と言っています。

5. 新華社に依頼したことについては次のように言っています。

(1) 共同ニュース（英文、ローマ字）の配信、写真電送の件はOK

(2) 中国側要人の写真はやれない。従来、毛沢東・周恩来以外の写真はどこの国の新聞、通信社に対しても供給した前例がない。

中国側の見解は以上の通りで、小生としては予想以上にきびしい制約を課せられ、また新聞をめぐる日中関係悪化のシワ寄せを一手に引受けさせられたようなかっこうです。おまけに謝南光・廖承志・王芸生など逢う人ごとに「岸首相の発言は：：」と同じようなことを言われ、まことに肩身の狭い思いをしています。

これに対して池正は「君が一人で話を進め、俺を通じてやらぬからいかんのだ」と言っていますが、そのうらから「日本の連中にはこの実情は全く分っていない。何を頼んだってためだということは分り切っている」と言っている有様です。

日中特派員交換に関する資料（三二・一〇・七）

共同通信社北京特派員山田充彦氏から十月二日付で日中間の特派員交換問題に関してつぎのような連絡がありました。

1. 新聞記者の交換は互恵平等の立場から相互主義でなければならない。これは日本だでなくあらゆる国に対する基本原則である。従来中国は日本人記者に対して特別の優遇を与えてきたが、このような好遇をこれ以上与え続けることはできない。（新聞司の公式見解）
ーこのことは今后日本が中国人記者の入国を認めぬ限り、常駐特派員の入国は認めないことを意味する。（ーのあとは山田の注）

2. 今村、松野両特派員の帰国について、日本では「追い出された」という印象を受けているようだが、決してそうではない。二人は八カ月、六カ月それぞれ滞在し、記者の滞在期限としては最も長い方に属する。西欧側の記者ではこうした例はあまりなく、あれ以上の滞在は取扱上新聞司としても困る立場にあった。（新聞司）
ーしかしＡＦＰの　　記者は滞在一年半に及び、また　　の　記者も長い。従ってこれは外交辞令であって、直接原因は呉学文問題にあると考えられる。

3. 新聞記者交換はいまやひとえに日本の態度いかんにかかっている。この点は通商交渉と同じだ。（王芸生氏）
ーつまり新聞が結速して中国人記者の入国および滞在を認めるよう政府に圧力をかけよということ。確かにこれ以外に解決の方法はない。中国側の態度は予想以上に強硬で、日本でも根本的に考え直す必要があります。

4. 山田が北京滞在中、要望したことに対しては、次のような方針を明らかにしています。
(1) 通商使節団の同行記者であるから、使節団と常に行動をともにすべきで、それ以外の仕事をしなければならぬということを、関係方面へ折衝しようとしても、極めて説明しに

K0026

中国新聞工作者協会会長鄧拓氏から

日本新聞協会横田實事務局長宛の書簡

横田實先生

中国と日本の記者を交換し両国新聞界の友好を深めるために、本会は一九五七年八月に新華社記者丁拓、呉学文の両氏を日本に派遣しましたが、両氏はすでに帰国してその間の事情を私に報告してくれました。丁、呉両氏が滞在期間を延長することができなかつたために日本新聞界と記者交換問題に関し十分に懇談し得なかつたことは深く遺憾に思いますが、貴殿と日本新聞界の友人たちが丁、呉両氏の訪日期間中両氏にいろいろと御協力くださつたことに対して深く感謝の意を表する次第であります。

中日両国は隣国であり両国人民の経済、文化関係は非常に密接なものがあります。ここ数年来は中日両国人民間の往来もとみに増加し、両国人民は互いに隣国の事情と消息に多大の関心と深い興味を持つてきております。

このような情勢のもとにおいて、われら両国新聞界は一日も早く常駐記者の交換を実現するよう求められており、その実現こそ両国人民の要求を満足させるものであります。われわれは終始一貫、平等互恵の原則にたち、合理的に中日両国間の記者交換問題を解決するよう主張して来ました。この数年来、中国新聞界は中日両国記者交換の早期実現に努力し、日本側にも相応の行動をとるよう喚起するとともに、従来少なからざる日本記者のわが国訪問につき積極的に援助を与えて来ました。しかし非常に遺憾なことにはわれわれのこういう態度が日本側には理解されず新華社記者二名が、昨年九月に貴国外務省に対して正式に入国申請を提出して以来、今までに希望のもてる解答をなんら得ていないのであります。

私の理解しておりますところでは貴国の共同通信社、朝日新聞社、読売新聞社、産業経済新聞社などが中国外交部に対して記者の中国派遣を申請しております。われわれは今や中日双方が対等の原則にたつてこの問題の解決をはかるべき時期であると思つております。

丁、呉両氏の報告では、横田實先生にはかつて丁拓氏に対し「日本新聞界は日本政府に対し中日常駐記者交換問題を正式に提出したい」と意思表示されたそうですが、私は日本新聞界の友人たちの努力が多大の成功を得ることができるよう希望いたします。

敬具

鄧　拓

一九五七年十月九日

横田实先生：

为了促进中日交换記者和加深两国新聞界的友誼，本会在1957年8月初曾委托新华社記者丁拓、吳学文先生就訪日之便和貴国新聞界商談交換記者問題，丁吳二人在回国后已經把有关情况轉告給我。我对丁吳两先生未能得到延长旅日期限以及充分机会和日本新聞界就有关交換記者問題进行商談，深表遺憾，并对您以及日本新聞界朋友在丁吳二人訪日期間所給予的协助表示感謝。

中日两国是近邻，两国人民在經济、文化等方面的关系一向十分密切。最近几年来，中日两国人民之間的往来也有新的发展，两国人民互相对邻国的各种情况及消息抱着极大的关心和濃厚的兴趣。这种形势要求我們两国新聞界及早解决互派常駐記者的問題，以滿足两国人民的要求。

我們一貫主張在平等互惠的基础上合理地解决中日两国交換記者的問題。几年来，中国新聞界为了促进中日两国能早日交換記者，为了喚起日本方面的相应的行动，曾經采取了积极、主动的态度，多次协助为数不少的日本記者来我国訪問。但是，深感遺憾的是，我們这一态度没有能喚起日本方面相应的行动，我国新华社两名記者自去年9月向貴国外务省正式提出申請以来，迄今未能得到肯定的答复。

据我了解，貴国共同社、朝日新聞、讀卖新聞和产經新聞又在向中国外交部申請派記者来华。我們認为，現在的确已經到了中日双方在对等的原則下解决这一問題的时候了。

据丁吴两先生說，横田实先生曾向丁拓先生表示日本新聞界要向日本政府正式提出中日交換常駐記者問題，我希望日本新聞界朋友的努力能够获得成功。

順祝

撰安

邓　拓

1957年10月9日

北京 山田

十月十二日

一、中国側は小生の取材活動に対し相当な制限を課しました。このため貿易促進会以外の公式機関や特定の人物を訪問することも制限されいささか参りました。
しかし風見章氏のあっせんで廖承志、趙安博等の人達と会見することが出来極めて貴重な資料を得ることができました

一、風見氏は中日記者交換問題について、現状では共同と新華社の記者を一名宛交換しこれを基礎にして将来のことを考えるべきだという意見です。この点について

(1)

(2)

廖承志氏といろいろ打合せの上帰国されるようですから、東京でお会いの節はこの話があると思います。日本側の体制としてこれが実行可能かどうか、問題はあると思いますが予め御検討おき下さい。

国際課保存

日中記者の相互交換について

十一月十五日の日本ジャーナリスト会議評議員会は、日本と中国との間の記者交換が一日も速やかに実現さるべきであるとのことについて意見が一致した。

過去三年間にわたつて日本の新聞、通信社より派遣された記者は北京に滞在し、中国の実情の報道に当つてきた。昨夏以来、中国新聞工作者協会では、日中両国の記者交換については平等互恵の原則に立つことが必要であるとして、この旨を日本新聞協会および主要新聞、通信社に申入れ、引続き日本の記者を迎え入れる用意があることを明らかにするとともに、中国記者を東京に派遣するについて特別の努力を払われたきことを訴えてきた。

このため中国の新華通訊社では同社の丁拓、呉学文の両記者を、すでに昨夏以来、東京に派遣すべき要員として決定し、両記者は他の社務から解かれ、一意、日本に赴くための準備を進めて来た。

今夏、東京で開催された第三回原水爆禁止世界大会に際し、丁拓、呉学文両記者も中国代表団員として来日し、引続きその後も一ヵ月乃至二ヵ月の期限を区切つて、日本に滞在することを希望したが、その手続きに関し日本政府当局との間に不一致を生じ、両記者は空しく中国へ帰国した。

最近に至り中国新聞工作者協会は、記者の相互交換の原則を改めて確認すると同時に、従来、進んで便宜を与えて来た日本側記者の北京滞在についても、否定的な方針に変りつつあるようである。

日本と中国両国民の交流は日毎に増大し、いま中国において推進されつつある建設の実情に対する国民の関心も益々高まり、さらに日中貿易の今後の発展についても、国民は多大の希望を託している。

日中両国の国民が互に知らんと欲していることは速やかに与えられるべきであり、このことは両国国民の国際的相互理解の基礎をなすと共に、言論報道の自由にも通ずる問題である。日中両国の新聞記者交換は、この両国国民の相互理解と、報道の自由の拡大のため、ぜひ一日も早くこれを実現すべきであり、日本ジャーナリスト会議評議員会はその実現のため、あらゆる努力を払うことを声明する。

昭和三十二年十一月十五日

日本ジャーナリスト会議評議員会

新協一二三八号編三四五

昭和卅二年十二月二日

社団法人日本新聞協会
事務局長　横田　實

外務大臣
藤山　愛一郎　殿
法務大臣
唐沢　俊樹　殿

中国特派員の入国に際し善処方要望の件

近く来日する李徳全女史ら中国紅十字会代表団一行中には、新華社特派員二名が加わっており、この二名は、李女史ら一行の滞日日程終了後も、日本に関する報道を行うため短期間の滞在延期の希望を非公式に表明しております。

当協会では、自由諸国の新聞界と同様に、日中両国間においても報道の交流が行われることを切望しておりますので、この機会に新華社特派員の希望する滞日が可能となるよう、貴省の御善処をお願いいたしたく存じます。

新華社はすでに昨年九月以来、特派員二名の日本入国を貴省に申請しております。それと同時に当協会にも、中国新聞工作者協会を通じて、そのあっせんを依頼してきております。爾来当協会事務局では、中国特派員の入国が可能となるよう貴省情報文化局と折衝してまいりましたが、日中両国間にはいまだ国交が回復されていないために、結論がでないまま今日にいたつております。

その間、本年八月には、東京で開かれた第三回原爆禁止世界大会に参加するため来日した中国代表団一行のなかに新華社特派員二名が加わつており、その二名は同大会終了後もひきつづき一ヵ月間日本に滞在したいと、当局への斡旋方を当協会に申しいれてきました。そこで当協会では右両名の希望を貴法務省入国管理局に伝えましたが、関係各省の事務連絡会議の結果、当局としては滞在期間の延長を認めない方針であることが明らかとなつたため、両特派員は帰国しました。

その結果、当時北京に駐在していた日本の特派員二名（朝日、共同）の中国在留も困難となり、現在では、日中両国間には相互に特派員交換の道がとざされております。

昭和二十九年以降わが国からは数十名の新聞人が中国へ参つておりますが、最近では中国側があくまで互恵平等の立場で特派員を交換したいと主張しておりますので、日本側でたとえ短期間なりとも中国特派員の入国を認めないかぎり日本から中国へ特派員を派遣することは不可能な状態にあります。このようにして中国に関する直接の情報ルートが断ち切られていることは、ひとり新聞界のみならずわが国全体にとりましても大きな損失と思われます。

最近では、国交のないフランスと中国との間にも特派員が交換されております。まして相隣接する日中両国間においては、相互に十分な報道を行い、お互いに理解を深めあうことが緊要と存じますので、この際中国特派員の日本入国の件につき国家的見地より何分の御高配をわずらわしたく存じます。

以上

社団法人　日本新聞協会

中国紅十字会代表団歓迎日程案

中国紅十字会代表団歓迎委員会（11.30 理事会決定）

	午前	午后	夜
12.5(木~土)		東京	（別表参照）
8 (日)	東京発（羽田）7.20	北海道　札幌着　10.20	北海道一泊
9 (月)	北海道	北海道	函館一泊
10 (火)	函館発　8.15	青森着　12.55　青森発　14.05	秋田着　17.48　秋田一泊
11 (水)	秋田発 9.23 大館着 11.16 花岡着 12.00	花岡慰霊祭　大館発　15.54	車中
12 (木)	上野着　5.49	箱根	箱根一泊
13 (金)	箱根発 9.00　沼津発 10.46（つばめ）	名古屋着　13.51	岐阜着 6.30 迄　岐阜一泊
14 (土)	岐阜	岐阜発　14.20（つばめ）	大阪着　16.30（大阪泊）
15 (日)	大阪発 9.00　神戸着 10.30	神戸	大阪着　15.30（一泊）
16 (月)	大阪発　10.00	奈良見物　奈良発　15.30	京都一泊
17 (火)	京都発　7.10（瀬戸号）	宇野着　12.03　玉野慰霊祭	岡山一泊
18 (水)	岡山発　12.32（かもめ）	下関着　17.46	下関一泊
19 (木)	下関	門司着　12.00　門司港発　15.00	博多着 16.41　福岡一泊
20 (金)	福岡	福岡発　16.00（日航）	東京（羽田着 20.00）一泊

21 (土)	東　京	上野発　16.05	水戸着 17.58　水戸一泊
22 (日)	水戸発 10.25 日立大田着 11.11	慰霊祭　日立発　16.56	上野着　17.20
22〜26	東　京	東　京	（別表参照）

（註）　1. 長野は代表団が二班に別れうる場合、第18日目の上野発の時から別班が長野へ行くことになる。

2. これは理事委員会で決定したものであつて最終的には代表団の同意を得た後決定するものである。

東 京 滞 在 中 の 日 程 案

（ 前　　半 ）

月　　日	午　　前	午　　后	夜
12　5(木)			羽　田　着
6(金)	日　程　打　合　せ 歓迎実行委との面会 11.00～12.00	歓迎委員会主催午さん会 12.30～14.00 日　赤　訪　問　14.00～14.30 三団体との懇談会 14.30～17.30	東京都知事主催歓迎レセプション 18.00～20.00
7(土)	国会議員訪中者の招待お茶の会 11.00～12.00	帰国援助感謝の集い　有田八郎主催 於　般若苑 11.30～13.00 中国殉難烈士追悼法要 全日本仏教会歓迎委共催 13.30～15.30	招 待 晩 餐 会（経済界） 17.30～19.30
8(日)	東京発（羽田）　7.20　北海道へ		

（後　半）

月　日	午　前	午　后	夜
12.23（月）	ホテル出発　11.00	川崎市歓迎委午さん会　1200～1300 神奈川県歓迎委懇談会　1330～1530	国民歓迎集会（於　都体育館） 1800～2000
24（火）	婦人団体との懇談会　900～1030 中国帰還者連絡会との面会　900～1030 日青協との懇談会／漁業協議会との懇談会／総評との懇談会　1030～1200	平和・友好団体主催午さん会　1230～1430 歓迎園遊会　1500～1630	華僑晩さん会 1800～2000
25（水）	休　息	市内散歩（買物）	代表団使用
26（木）	10.30 高島屋 中国　芸術展		

昭和卅二年十二月十二日

中華人民共和国新華通訊社特派員
中華全国新聞工作者協会国際連絡部副部長
呉　学　文

中華人民共和国新華通訊社特派員
中華人民共和国新華通訊社国際部副主任
丁　拓

法務大臣
唐沢俊樹殿

在留期間更新許可申請理由書

私たち二名は中国紅十字会李徳全会長を団長とする訪日代表団の随員として昭和三十二年十二月六日来日いたしましたが、この機会に

一、日本に関する報道を行い

一、中日両国間の特派員交換問題につき日本新聞協会はじめ各新聞通信社と協議懇談するため

さらに五週間東京に滞在したいと存じます。

以上

K0032

保証書

東京都千代田区丸の内一ノ一〇
ホテル・テイト　三一九号室

呉　学　文
一九二三年一〇月　九日生

丁　　拓
一九一九年一二月二七日生

右両名が在留期間更新許可申請をするに際し、私は保証人として左記事項につき責任をもつて保証いたします。

一、在留期間中の一切の生活費
一、必要時における帰国旅費全部
一、滞在中におけるすべての行為および行動

右確かに相違ありません

昭和三十二年十二月十二日

保証人

東京都世田谷区上馬町一ノ六六〇

横田　實

（日本新聞協会事務局長）

続柄　友人

法務大臣

唐沢俊樹殿

初冬の候益々御清適のことと存じ上げます。

さて、新華通信社の丁拓、呉学文両記者が、中国紅十字会代表団の随行員として、十二月六日来日されました。

両氏が新華社特派員として、昨年八月来日本政府に入国を申請し、未だ政府の許可を得るに到っていないことは御承知の如くであります。私ども、この問題の解決を願うものにとっても、両氏の本年再度にわたる来日は関心深いことと存ぜられます。

つきましては、中国訪問の際に両氏の歓待を受けた方々、過去二回にわたって両氏が来日された折に昵懇になられた方々、また両氏の日本における記者活動に期待を抱かれる方々に集っていたゞき、両氏を囲んで、左記により、ささやかな立食会を開きたいと存じます。

年末を迎え御多忙のこととは存じますが、日中友好のためにも好い機会と存ぜられますので、是非御出席くださいますよう御願い申上げます。

記

一、日時　十二月十二日（木）午後一時〜三時
（日程がつまっておりますので時間厳守願います）

一、場所　一ッ橋学士会館

一、会費　三百円（当日持参）

十二月六日

丁拓、県学文歓迎委員会

浅沼稲次郎
針生健次郎
門田勲
風見章
城戸又一
北村徳太郎
中島健蔵
大内兵衛
須田禎一
鈴木恒治
宿谷米一
高木健夫
山本熊一
横田実
片山哲
吉野源三郎

1

三三 一二 一六

中共特派員の在留期間延長問題に関連して
政府各機関から非公式に示された問題点

李徳全一行の通訳として新華社特派員呉学文、丁拓の二名が近く来日し、再び滞日期間の延長を申請する模様であるとの情報を十一月中に入手したので、前回（原水爆禁止世界大会に参加のため八月に来日した際）と同じような結果におちいることを避けるため、事前に外務省情報文化局および法務省入国管理局の担当課長と会見して了解工作を行うとともに、政府側の意向を打診した。

その際、新聞協会としては、日本の国内法規をまげてまで中共特派員の入国をはかる意志はないので、前回記入署名を拒否して問題となった「質問書」には、協会も署名するよう両氏に説得する方針であることを伝えた。これに対して、

外務省情報文化局二課長藤山氏は、前回と今回と国内事情は少しも変っていない、前回ダメだったものが、今度はよくなるということはあり得ないので、非常にむつかしい問題だとは思うが、新聞界では日本から特派員が中国へいけなくなったという新事態ができ

（3）

ているのだから、外務省としてもできるだけの努力をしたい、
と語り、また法務省入国管理局資格審査課長今井氏は、
この問題はわれわれ事務官が処理しきれる問題ではなくなった
ように思う。上のほうにも働きかけてもらいたい。なお申請
書、理由書などの書類はぜひ署名提出させてほしい。
とのことであった。そこで当協会では外務大臣、法務大臣
宛に善処を要望する書簡（十二月二日付）を提出した。
十二月六日夜、李徳全一行は羽田着来日、翌七日呉、
丁両氏はアジア通信社陳東亭支社長、日本ジャーナリスト
会議本田良介氏らと協会を訪れ、口頭で滞日延長

（6）

の意志を表明するとともに、前回と同様、「質問書」には署名しないと述べた。

「質問書」の問題は、入国管理局で検討した結果、一般の渡航者にも極めて評判が悪いので、この際、短期間の滞在者および入国の際の申告で資料のそろっているものに対しては改めて記入署名提出しなくてもよい方針に改めたので、問題点の一つは解消したが、政府部内には呉、丁両氏の申請に際して改めるのはまずいという意見もあったとのことである。しかし改めるべきことは早く改めたほうがよいという考え方が勝ったわけである。

（5）

法務省入国管理局資格審査課の今井課長は、協会の立場をよく理解してくれて、申請書の提出も本人が東京入管に出頭することなく、協会が直接資格審査課に提出すればよい、との便宜措置をとってくれた。ここで呉丁雨氏が十二月十二日協会に来た協会に申請書、理由書に署名させ、横田事務局長の保証書とともに同日午後、今井課長に直接提出、受理された。（東京以外を旅行する際には届出をするようとの注文もあったが、帰在は東京おけというので行動計画書は提出しなかった）その後もひきつづき関係方面との了解工作をつづけたが、その際、政府側関係者がもらした申請許可上の問題点の主なものはつぎのとおりである。

(6.)

外務省情報文化局　某藤山二課長

外務省としては治安当局の反対を押しきってまで、ぜひとも中共特派員を日本に入れなければならないと主張しうる立場にはない。省内にさえ、反対の空気があったが、それはどうやらおさまりかけているので、なんとかうまくいくのではないかと思うが、協会としても治安当局に働きかけてほしい。

なお中共特派員を日本に入れれば、必ず日本からも特派員を中国へ送れるという保障があるのか、その点をはっきりしてもらいたい。

社団法人日本新聞協会

（7）

外務省情報文化局　山中一課長

中共特派員を日本に入れなければ日本の特派員が中国に入れないというが、無理をしてまで日本から中国へ特派員を出す必要があるのかどうか、その点について政府側を十分納得させるよう努力してほしい。

「註」外務省情報文化局は　一課が日本の新聞に対する広報事務、二課が外国の新聞に対する広報事務を担当している。したがって受入問題は二課の主管、日本から中国へ特派員を出す問題は一課の主管となる

公安調査庁　白田第二部長

国交のない共産国からの入国者の取扱いについては、日ソ国交回復前に政府できめた線がある。われわれはいつもその線にもどって考えることにしているが、李徳全一行の随員としてきたものが、そのままズルズルべったりに残って取材活動を行うようなことを許すと、方針がくずれて悪例をのこす。日本に記者としてきたいなら正式に入国申請をしてくればよいと思う（この点については、すでに昨年の九月に申請しているが日本側が相手にしていないのだと事情を説明したが、昨年と今とでは事情がちがうというようなアイマイな

(9)

返答をしていた。経緯をよく知らないらしい）しかし、

この際、特派員交換問題について日本新聞界と協議する
ためしばらく残りたいというなら、そのぐらいは認めてやっても
いいではないかというユトリのある考え方はわれわれも
もっている。しかしそのためには五週間は長すぎないか、
誰しも納得のいくような協議に必要な日数をだして
ほしいと思っている。（表面にあらわれた共産活動から情報をとる手も
あるので、呉・丁を泳がせてもいいという考え方もある
とのこと）

警察庁　山口警備部長

李徳全の随員としてきたものを記者という身分に変えて
一般の取材活動をすることを許すかどうかが問題だ。許しても
宣伝活動はさせたくない。

(10)

日本の新聞界としては日本が相手側に許しただけのことは相手方にも許させるよう努力していただきたい、呉学文は相当の大物だから、話しあいをする際には、とくに其の点御注意願いたい。

法務省入国管理局　今井資格審査課長

近藤外務省情報文化局長が関係各方面に了解をとりつけるため奔走中である。私としては治安機関会議などを改めて開かないで問題を処理したいと思っている。

なお十一月十六日(月)近藤情文局長から江尻局次長につぎのような申入れがあった。

中共記者問題に関する近藤外務省情報文化局長との会談内容報告、

江尻進

昭和三十二年十二月十六日午後二時二十分近藤局長の要請に基き同局長を訪問し約三十分会見した。内容の要旨次の通り、

新華社記者二名の新聞記者としての五週間の滞在延期については、関係国内官庁の間に強い反対もあるが、新聞協会を通じ新聞界の要望もあり、また前回官庁側の意見がまとまらず、滞在延期を認めなかった経緯もあるので、今回は延期を認める方針に内定した。（日本政府としては本来なら最初から）赤十字代表の随員として入国して、後に目的を変更して記者として残留するのではなく、始めから記者として入国を申請することを希望していたが、その工作を行う暇のない中

(2

に前回同様随員として許すを取りつけ入国したのは残念であった。

但し許すを與えるについては、次の三点について協会が十分本人たちを納得させるよう事前に工作を願いたい。また本人と折衝するに当っては、日本政府側に許すの内意があることを秘し、依然交渉は困難であるとの空気をにおわせて置くよう希望があった。

第一、許すは報道活動を行うためのものであるから、滞日中の活動はこの域外にわたらぬよう、本人に十分の注意を与えられたい。前回来日中には スト中の工場で演説を行ったような事実がある。今回の実績が将来の記者滞在を認めるか否かの方針決定上に重大な関係を持つので、報道取材活動以外にわたらぬことが好ましい。ソ連記者はこの点極めて慎重で、日本側も好印象を与えている。日本側の思想的団体が、

(3

政治的目的に利用することは、こうした意味で好ましくないし、それは両国の記者の交流を阻害する結果になろう。

第二、日本側で（八週許す三週目、滞在延長五週目を認めるのに応じて中国側も~~[illegible]~~日本側から中国入りを申請している日本新聞人に対して、~~[illegible]~~これと同等以上の便宜を図るよう中国側の確約を直ちに取りつけて貰いたい。（少くともこれに対し（八週までの滞在許す）出来ればこれを文書で確約させておいてほしい。

第三、中国側は残留期間中に日中間の記者交換の民間協定の締結を申出るのではないかと予想されるが、~~[illegible]~~協会としてはこれを応諾しないよう御願いしたい。政府間の国交関係がないため、民間団体の名に於て各種の取極めが締結され、後で政府がその内容の実施を

K0035

(4)

迫っている事例が多いが、記者交換については政府に迫られても、五名と五名の交換という方（目下日本側からは五名の中国入国希望がある由であるが）條件は絶対実現不可能と思う。自由党筋には今回の滞在延期についても反対運動をしている向もあるので、協定ができなくば、交渉はますますむずかしくなる。政府としては漸進的に新中国記者を入れねばならぬと思っているが、日中間の記者交換の形をとらず、両者が平行して実施している形で事実上の諒解を実行して差支えない、

社団法人　日本新聞協会

1

国際課

呉学文、丁拓両氏との横田家における懇談要旨

昭和三十三年一月五日（日）

李徳全女史一行の随員として、さる十二月六日来朝した新華社特派員 呉学文、丁拓両氏は 五週間の滞在延期を許可され 一月三十一日まで在京できることとなったが、李女史一行の帰国予定が配船の関係で遅れたため、一月五日現在も一行全員が滞京中で、呉、丁両氏も一行の随員としていまだに団体行動をとっており、宿舎ホテル・テートには警視庁係官がひきつづき出張し護衛にあたっていた。五日午後三時ホテル・テートから 呉、丁、およびアジア通信社代表取締役陳輝川

(2)

の三氏をハイヤーで連れ出して、護衛つきで横田宅に案内し夕食をともにしながら懇談したが、日中両国間の特派員交換問題に関係のある発言の大要はつぎのとおりである。

一、呉学文、丁拓両氏の五週間の滞在延期を認められたことについては、すでに十二月下旬に中国新聞工作者協会宛に報告の電報をうっておいた。詳細については李女史ら一行の帰国の際に托すつもりで書簡をしたためてあるが、一行の帰国が遅れているために、まだ書簡は東京にある。このことについては、中国本国からはまだ何の連絡もうけとっていない。

（3）

一、呉、丁両氏は、自分たちはこのまま長期滞在特派員として日本に止まってもよいとさえ思っているが、とりあえず一月三十一日までの滞在許可期限が切れる前に、もう一度短期滞在期間の延長を申請してみたい、との希望を述べた。

この際問題となるのは指紋の件で、現行法規では滞在二カ月を越える場合は指紋をとることになっているが、もしも一月中に国会が外人登録法の改正（一年未満は指紋不要）を行えばこの問題はなくなる、という国内法の説明を行ったところ、年末の法務、通産大臣の談話に、法律の改正以前でも政治的な便法を講じうる、とあったが、両氏の場合にも

（4）

何らかの便法がとられる余地はなかろうか、とさらに押してきた。

また外人登録法が改正されても、指紋の不要期間は一年だが中国側が希望している長期特派員の滞在期間は三年であることも強調していた。

これに対して横田氏は、とりあえず一年間の滞在を実現させることにし、その後の問題は、またそのうちに客観状勢も変ってくることだろうから、その時になってからでもよいではないかと両氏をなだめた。両氏は長期滞在ができるようになれば家族をつれてくるといっている。

(5)

一、国会解散で外人登録法が審議未了となった場合のこと
についても語りあったが、解散、総選挙というような日本の
政界の大きな出来事はぜひみていきたいから、一月解散
二月総選挙というような事態になれば、それまで是非滞在
を延期したい、と両氏は熱望していた。

一、日本側では差当って二月に開かれる武漢、広州日本商品
展覧会に七名の特派員を派遣したいのだが、とその
可能性についてただしたところ、両氏は自分たちの滞在延
期は三十五日間許可されたから、日本記者の中国滞在
期間も一応三十五日間という日数の制限がつくのではない

(6.)

かと思う。人数の点も問題だが、中国でも日本新聞界の事情はよくわかっているから、日本側の希望を申出てくれれば それに自分たちの意見も加えて 中国新聞工作者協会で善処するよう努力する、といっていた。

展覧会は二カ月あまり開かれるので、滞在日数が制限される場合には 武漢組、広州組とグループを分けて派遣することも考えられるが、こうした点については両三日中に日本の各社と相談のうえ、再び懇談しようと横田氏は述べた。

以上。

呉学文、丁拓両氏との懇談メモ

昭和三十三年一月十日（金）午前十時—十一時半
協会事務局長室、（横田、江尻、笠置出席）

（1.）

呉学文、丁拓両氏を招いて　日中両国間の特派員交換問題およびに来日にせまった武漢、広州日本商品展覧会に随行させる日本人記者問題につき懇談したが、呉丁両氏はこの懇談の結果　新聞協会と両氏との間に紳士的な話しあいが進められたことに満足し、~~まだ両者間の~~

~~い、、~~

~~[illegible]いた。~~

懇談の要点つぎのとおり。

(2)

まず横田氏から

呉学文、丁拓両氏は一月末までの滞在期間満了後さらに滞在延期を希望しているが、これ以上滞在すると招致の問題も出てくるし、将来日中両国間に特派員交換の道をひらくうえにも、今回は一月末まで一応帰国することにしたほうが得策であろう。

と勧告、両氏はこれを納得したが、改めて特派員として入国しうる時機について協会の見通しをたずねた。これに対して、

国会解散が予算成立後となれば、それまでの間に

（3）

外国人登録法の改正案も通過するであろう。そうなれば指紋の問題にかかわらず一年間の滞在は可能となる。したがって指紋に関する改正された法律が実施されてすぐ入国の手続きをすれば総選挙までに入国できるようになるのではあるまいか。ただし、国交のない国の特派員を入国させるよう運動するためには、中国側でまず先に日本人の記者を入国させ、こちらも行っているのだから向うのも入れてくれといえるようにしてもらえれば運動しやすくなる。

と述べたところ、

（4）

中国側はかつては そのつもりで 日本の記者を多数入国させたが、今日では 中国新聞工作者協会も、入国の時機と滞在期間については、互恵平等、すなわち、たとえば三月一日を期して双方から同時に出発する というような立場を堅持している。ただ人数の点だけは 日本の新聞の特殊性を顧慮して、ゆとりのある考え方を持っているようである。

と答えて、日本側の希望する人数につき質問した。

協会側では 各社に希望を問合せれば 多数希望を申しでることがわかっているので、最近は問合せていないが、すでに以前の調査では八社が希望している。したがって少くとも五、六名は入国できないと協会の立場は非常に苦しくなると答えたところ、

互恵平等は原則だが、中国側でも人数については一対一にこだわってはおらず、お互いの困難な点を考慮しあって善処してゆきたいと考えている。われわれも日本の希望がいれられるよう本国に連絡しよう

と述べた。

なおさしあたっての問題である来月からはじまる日本商品展に派遣する記者問題については

(6)

中国側としても接待の都合があるから多数の記者を迎えるわけにはいかないが、四名から六名くらいまでは展覧会のはじめから終りまで入国滞在できるよう、早速本国に連絡する。その返事は一月二十二、三日ごろまでに東京に着くよう努力する

と約した。

なお呉丁両氏は岸総理、藤山外相
前尾繁三郎通産大臣
との会見を希望、協会にあっせんを依頼した。

また記者交換に関する話合いの内容は公表しないことに同意した。

以上

社団法人 日本新聞協会

(1.)

近藤外務省情報文化局長との懇談メモ

昭和三十三年一月九日夜、赤坂なごや

横田、江尻、前田、笠置、出席。

一、中日両国間の特派員交換問題

横田事務局長から、滞日中の呉学文、丁拓両氏が、ひきつづき滞在延長を希望している旨伝えたのに対して、近藤氏は、つぎのように語った。

☆今回は李徳全一行に随行してきた両名を、外務省、法務省の局長クラスで関係方面の了解をとりつけて五週間の滞在許可を得たのであって、これ以上さらに滞在延期を認めることはむずかしい（指紋の問題もからまってくるし）

（2）

☆外国人登録法の改正は今度の国会にかかることになっているが、いつ通過するかの目安もたたない。解散でもあれば遅れる可能性もある。 改正されたとしても 指紋の不要期間は従来の二カ月以内が一年以内に改められるだけのことだから、一年滞在したら 指紋を押さないかぎり[illegible] 一回帰ってこなければならないわけだ。 だから「長期滞在特派員」というような表（った方がいいと思う）~~現は避けたほうがよいのではないか~~

☆さしあたって二月に中国で開かれる武漢（広州）日本商品展覧会に日本から特派員を派遣する件については、日本政府は原水爆禁止大会や、今回の李徳全一行来日の際など、特別の場合の記者随行は認めているのだから、中国側も当然認めるだろう。 ただ今回の呉学文、丁拓の場合八週間しか滞在を認めていないので、向うも滞在日数を制限してくるかもしれないが、八週間（約二カ月）あれば十分なのではないか。 人数については 呉、丁がアジア局に来たときも（課長と会談）多少ゆとりのある考え方をしているようにみえたそうだ。

(3)

☆呉丁西氏が五週間の滞日を終えて一度帰国したのち、改めて特派員としての入国を申請してきた場合、日本政府としては国交のない国との往来については所定の方針をもっているので、それをまげて入国を許すには閣議の了解を得なければむつかしい。

しかし、中国側がまず日本の記者を二名でも三名でも向うに入れて、それから日本への入国申請を行い、日本側がその入国を認めなければ中国にいる日本人記者を追いかえすというような状態になれば、日本政府関係機関に入国を許すよう説得しやすくなる。

過去において日本から多数の記者が中国へ来ているから、今度は中国の記者を日本へ入れる番であるというような考え方で議論をしていたのでは、問題の解決は望めない。むしろ過去のことは不問に付して、今後の打解策を考えるべきだと思う。

☆以上の諸点は日本政府の考え方であるということではない

社団法人　日本新聞協会

（6）

に伝えてほしい。

一、ＦＩＥＪ東京総会のための政府補助金問題、
八日に内示された五十三年度予算の大蔵省原案では、外務省予算に組込んだＦＩＥＪ補助金はゼロとなっている。外務省では早速復活要求をするが、新聞協会でもあらゆる方面から明十日あるいは明後十一日中に大蔵省へ復活運動をしてほしい。
スジとしては主計局長、同局次長、政務次官、など、
協会会長にも動いていただいてはどうでしょう、

以上

呉学文、丁拓両氏との懇談メモ

李徳全女史ら一行の随員として十二月六日来日し、五週間の在留期間延期を認められて一月末まで滞京予定の新華社特派員 呉学文、丁拓両氏を一月十日午前新聞協会に招いて、日中両国間の特派員交換問題を中心に懇談した。 その要旨つぎのとおり、

一、呉、丁両氏は一月末までの滞在期間満了後、重ねて滞在延期を希望したが、横田協会事務局長が、これ以上滞在すると指紋の問題も出てくるし、

将来両国間に特派員交換の道をひらく上にも、今回は一応一月末まで帰国し、改めて特派員として入国を申請するほうが得策であろう、と勧告、両氏も了承した。

一、両氏は特派員として再度入国しうる時機の見通しを知りたがっていたが、国会で外人登録法が改正されれば指紋の問題なしに一年間の滞在が可能となるので、同法の改正後申請してみてはどうか、ただし国交のない国の特派員を入国させるよう新聞協会が運動する際、中国側でまず先に日本人の記者を

(3)

入国させてくれれば、こちらからも向うに行っているのだから、向うのも入れてほしいといいやすくなるのだが、と日本記者を中国に先に入れることを希望したが、中国側はかってはそのつもりで日本の記者を相当数入国させたが、今日では入国の時機と滞在期間についてはa連の立場をとることにしている。たとえば三月一日を期して双方から同時に出発するというようなことを考えている。ただ人数の点では日本新聞界の特殊性を顧慮して、ゆとりのある考え方をもっており、五、六名の日本人記者が入国で

（6）

きるよう私たちも努力する　と西氏は述べた。

一、来日にせまった武漢、広州日本商品展覧会に日本からぜひ多数の特派員を送りたいと協会側が希望したのに対しては、中国側としても接待の都合があるから、多数の記者を迎えることは困難だが四名から六名くらいまでは展覧会の全会期を通じて中国に入国滞在できるよう早速本国に連絡する。その返事は一月二十二、三日ごろまでには東京にくるだろう、と約した。

（5）

なお呉丁両氏は一月末までの滞日期間中を利用して、岸総理、藤山外相、前尾通産相の三大臣と会見することを希望し、協会にそのあっせんを依頼した。その際、

質問事項を事前に用意提出する

会見内容は希望により発表しないこととしてもよい。

発表する場合は事前にその内容を提示してもよい

と述べていた

以上

新協三六号

昭和卅三年一月十三日

官房長官
愛知揆一殿

外務大臣
藤山愛一郎殿

通産大臣
前尾繁三郎殿

社団法人日本新聞協会
事務局長　横田　實

新華社特派員の大臣会見申入れに関する件

このほど中国紅十字会の李徳全女史ら一行の随員として来日した新華社特派員丁拓、呉学文の両氏は、この機会に日本に関する報道を行い、かつ日中両国間の特派員交換問題につき当協会をはじめ各新聞通信社と協議懇談するため、五週間の滞在期間延長を認められて一月三十一日まで東京に滞在する予定であります。

丁、呉両氏は今回の滞在中に岸総理貴殿との会見を切望しており、そのあつせん方を当協会に依頼してまいりました。その節両氏は

一、質問事項を事前に提出してもよい

一、会見内容は御希望により発表しないことにしてもよい

一、発表する場合には事前にその内容を提示してもよい

と述べております。

国会再会をひかえて大臣が政務御多端なことは重々承知いたしておりますが、両氏の滞在期間もあますところ短時日でありますので、両氏の希望が近日中にかなえられますよう御

高配をたまわりたく、何分よろしくお願い申しあげます。

付記＝両氏略歴

丁拓（テイン・トウ）一九三八年法政大学を中退して帰国、延安で報道宣伝関係の仕事に従事、現在新華社国際部副主任

呉学文（ウー・シュエウエン）一九四二―三年に日本大学に学び、帰国後学生運動にたずさわり、中国解放前後には東北・北京などで記者生活をおくり、一九五三年新華社入社、現在中国新聞工作者協会国際連絡部副部長

以上

昭和三十三年一月十四日午前、国際課林は 一月十三日付「新華社特派員の大臣会見申入れに関する件」文書を 官房長官秘書官木村、外務大臣秘書官中島、通産大臣秘書官事務取扱山本康二 三氏に手交した。

中島 「新華社記者の大臣、次官クラスとの会見は無理であるが、一応研究して見る。」

山本 「タスからも会見申入れがあるので、その方とのかねあいで実現の見込みはあるか、事前に質問内容(二、三〇分程度)を提出してもらいたい。」

木村 「実現はむつかしいだろうが、とにかくお伝えする」

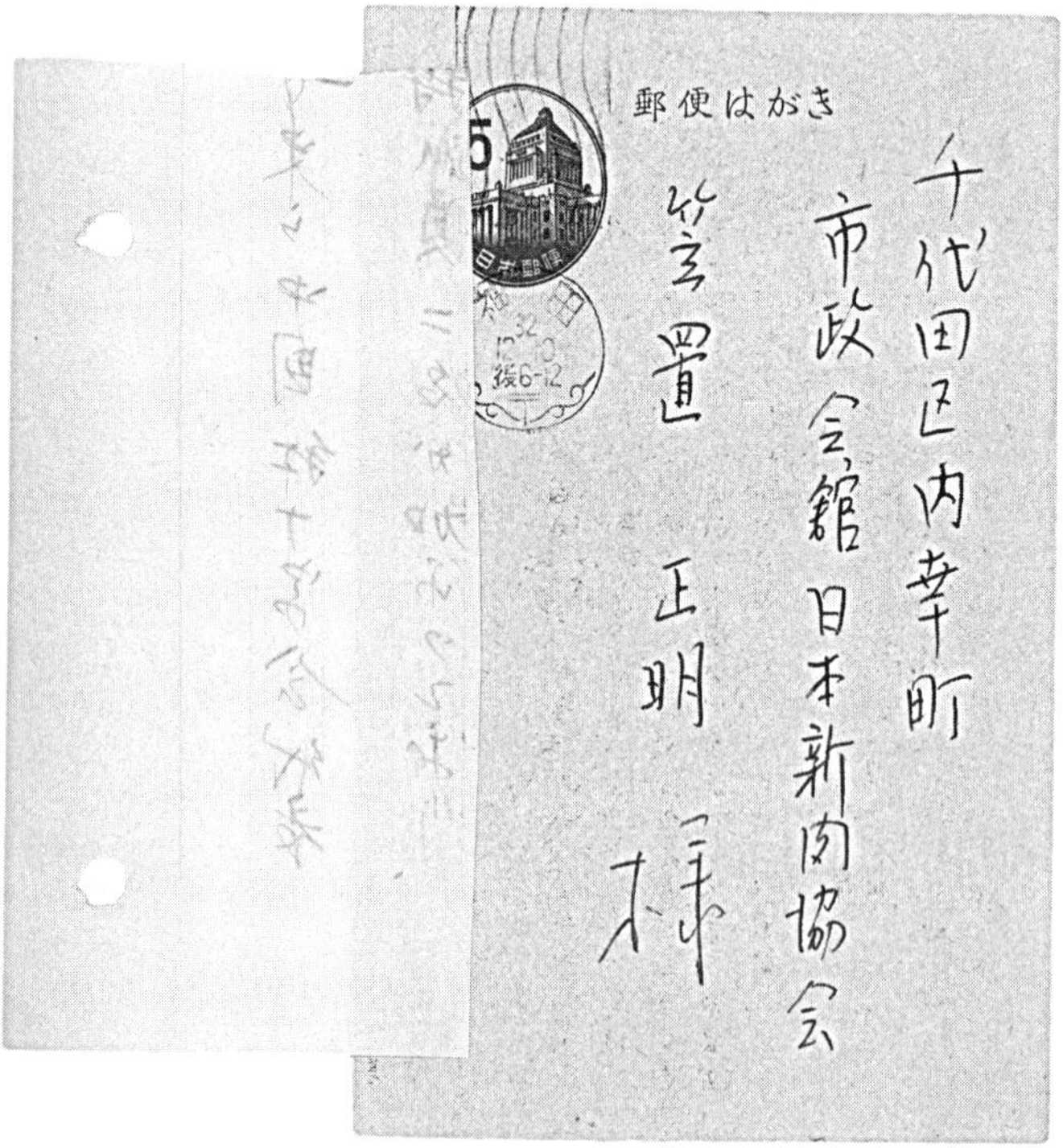
郵便はがき
千代田区内幸町
市政会館 日本新聞協会
笠置 正明 様

来ら　中国紅十字会代表

丁拓、呉学文 両中国記者の来日を機会に日中両国間の常駐記者交換の問題が新聞界をはじめ関係諸方面の関心をひいております。

この問題解決のため両氏は紅十字会代表団の離日後も滞在を希望しており、日中両国民の相互理解と友好促進のため、特派員交換をこのさいぜひ実現させたく思いますので、左記により関係諸方面の方々にお集りを願い、懇談打合せを行いたいと存じます。年末を迎え御多忙と思いますが、是非御出席下さるよう御願い致します。

記

一、日時　十二月十四日（土）后四時－六時

一、場所　衆議院　第三会館第二会議室

十二月　日

日本ジャーナリスト会議

日中記者交換問題　これまでの経過

△昨年九月、新華通信社、丁拓、呉学文両記者の日本常駐を外務省に申請。

△今年四月、新聞協会、長期滞在は困難なので、代表団の随行記者として入国、滞在延長することを示唆。

△八月、丁、呉両記者、原水爆反対世界大会の中国代表団に随行して来日、大会後短期の滞在延長を申請したが、手続きで日本側当局と一致せず、帰国。

△同月、共同の今村、朝日の松野両記者相前後して帰国、これで数年つづいた日本側の北京駐在特派員は打止めとなる。

△十二月六日、紅十字会代表団の随員として、丁、呉両記者ふたたび来日。

中国側記者交換を　正式に提唱

△十二月七日、両記者は新聞協会を訪問、協会の横田事務局長、共同の寺西外信局長、朝日の鈴川外報部長、毎日の橘編集局次長、読売の白神編集局次長、産経の佐々木編集局次長と一時間懇談した。

席上中国新聞工作者協会国際連絡部長である呉氏から、日中間に常駐の記者を相互におくことが急務であるとのべ、両国民の友好、相互理解のため、業務上、経営上から、この記者交換の問題を解決したいと正式提唱があつた。また記者交換を互恵平等の立場で行うことが強調された。両氏は今回も短期の滞在延長を申請しているが、これは長期滞在へ一歩前進するためであるとの趣旨が両氏から説明された。これにたいし日本側は両氏の意見に同感であるとのべ、日本側当局とさらに特派員交換問題、両氏の滞在延長問題について折衝することを約した。

△十二月七日夜、記者会見後、紅十字会の廖承志副団長は記者交換問題について四社外報責任者と会談した。七日の諸会談を通じて、中国側は互恵平等を主張しているが中国記者を入国させることによつて日本側当局が互恵平等の原則を認めるならば、相互に送る記者の数の問題はどうにも解決できると弾力性のある態度をとつていることが伺われた。

（十二月六日、丁、呉両記者歓迎会事務局）

法務省
入国管理局
資格審査課長
今井　実
68一〇〇九

自宅
武蔵野二八一九
飯田方

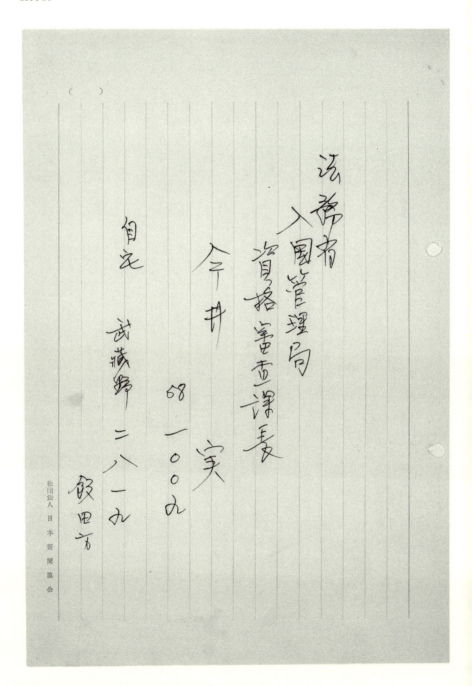

社団法人　日本新聞協会

十二月十九日

十二月十八日(水)午前中、法務省入管局今井課長から懇談の申入れがあったので同課長を訪問、外務省近藤情文局長と江尻局次長との懇談内容を報告しておいた。今井課長のところには伊関入管局長からまだ連絡がなかったとみえて、外務省と協会との了解事項については詳しいことは知らなかった模様である。

今井課長としては、呉学文、丁拓の滞在延期問題は関係各方面ですでに事情を知っていることなので、この際治安閣僚会議など改めて開かないで結論を出してしまったほうがよいと考えていたらしいが、外務省側では会議を開いて決定したがっているとのことであった。

なお今井課長は、外務省アジア二課長から、呉学文、丁拓が東京にいる間に、二月に開かれる武漢広州日本商品展覧会に日本から七名の記者が派遣できるよう呉丁両氏から了解をとりつけてくれないか、という申入れをうけたが、この点についての意見を聞かせてほしい、といっていた。笠置個人の意見として、話をきりだすのは容易だが、前回の池正一行の貿易交渉

（　　）

国の随行記者問題の側からみても、中国側は七名の入国を認めることはむつかしいだろうし、呉丁両氏も即答はできまい、との観測を述べておいた。

十二月十九日（木）午前中、呉学文、丁拓一行の日程を今井課長に知らせ、九州から一行が帰京するのは二十日の夜だから呉丁両氏が協会に来るのは二十一日（土）午前中であろう、そこで横田事務局長から両氏に了解しておいてもらうべきことを伝えるから、翌日の日曜一日おいて、二十二日（月）か遅くも二十三日（火）ぐらいには滞日延長許可を出してもらえまいかと希望しておいたが、今井課長は、期限が切れるギリギリのところ（二十六、七日）まで結論を出さないでおく方針であったようである。しかしこの点については関係方面と連絡のうえ研究するとのことであった。

（京劇、見本市、貿易）

ソ連、中共関係入国者の取扱状況について

一、ソ連タス通信特派員の取扱について

SKOBELER, GUELI

〃　MOUSA（妻）

〃　JRIVA（娘）

ZATSEPIN VICTOR, W

〃　REMMA I（妻）

〃　ANDREY, W（嬢）

これらの者は本年一月十三日（令四－一－六－三）（三日）で入国し、三月一日期間の更新を受け、その後三月十四日令四－一－一－二（一年）を取得しているもので、右更新手続の際はいずれも一般外人と同様、質問書、更新理由書、身元保証書（情報三課より）を提出し許可に際しては手数料を納付している

二、京劇一行の取扱について

法務省

孫平化 他四名　三、五、一九入国　在留資格十六－三（五十日）

袁宏和 他二十一名　五、二一入国

劉佳 他十五名　二三入国

徐五川 他二十一名　二四入国

梅蘭芳 他十九名　二六入国

右一行は二班に別れそれぞれ七月十七日（五六名）及び七月三十日（三十名）が出国しているが、いずれも二日乃至十日間のオーバー、ステイになっていた。これに対しては、朝日新聞社より期間延長方申越しがあったが、右に対しては更新手続を行わず出国勧告により措置した。（昭和三十年七月五日次官決裁）

三、中共見本市関係者の取扱について

馮鉄城 他六名　三〇、九、六入国　十六－三（一五〇日）

徐徳民 他十五名　三〇、九、十五入国　十六－三（一四〇日）

蕭何芬 他十四名　三〇、九、二七入国　十六－三（一三〇日）

曹中枢 他六名　三〇、一〇、一二入国　十六－三（一二〇日）

右ら一行は何れも所定在留期間内に、昭和三十年十二月三十日羽田より出国している。従って更新の問題はなかったが、外国人登録法違反の問題で告発された趣である。

四、通商貿易関係者について

孫平化他七名　三〇、三、二六入国　十六、一三（二七日）

雷任民他三十名　三〇、三、二九入国　十六、一三（一三日）

右らの者は通商代表として来日したものであるが、昭和三十年五月六日にいずれも出国しており、一週間程度のオーバーステイとなっているが、登録課の記録によれば、更新手続をとった記録は見当らない。

厳寒のみぎりますます御清祥のことと存じます。

李徳全女史ら中国紅十字会代表団の随員として来日された新華社の丁拓、呉学文両記者は、さきほど五週間の日本滞在延長を認められ、代表団一行の離日後も、引続き日本に留まり、各方面との会談、取材などに当られています。

つきましては、私どもが長らく希望してまいりました日中記者の相互交換を実現するために、今後この問題をいかに進めてゆくかにつき御高見を賜りたく、左記によりまして懇談会を開きたいと存じます。御繁忙のこととは存じますが何卒御出席下さいますようお願い申上げます。

一月十七日

アジア通信 陳、

発起人

浅沼稲次郎

針生健次郎

風見章

勝又功

城戸又一

中国問題記者会

北村徳太郎

中島健蔵

大内兵衛

約三十数名

須田禎一
宿谷栄一
高木健夫
山本熊一
横田実
牛島俊作
吉野源三郎

記

一、日時　一月二十三日（木）午後六時
一、場所　一ツ橋学士会館
一、会費　三百円（夕食）

なお、日が迫つておりますので、お手数でもおりかえし同封の葉書でご返事くださるようおねがいいたします。

北京新華社より丁拓、呉学文両氏への返電

一月二十日至し（二十一日午前丁、呉両氏より謹電一通位）

その要点

①日本記者が商品展覧会（三月一日より広東、武漢で開かれる日本商品見本市）に同行して中国を訪問する件は二に外交部から日本記者六名の短期間入国許可の実現可能性から承認された、期限は三ケ月、まず入国記者の姓名と新聞社名及び旅券番号を外交部に提出申請すること

②常駐記者の交換人数は必ず平等互恵の原則を遵守すること

社団法人 日本新聞協会

横田實先生：兹将北京新华社来电抄録于下：

「(1)关于日记者随商品展览团访华，经和外交部联系已蒙惠允，可以一次发给日本陸名记者短期出入境簽証，期限叁个月，事先須将记者姓名、代表報社及護照号碼向我外交部提出申请。(2)交換常駐记者人数必須遵守平等互惠原則。

新华社20日」。順祝

晨安

丁拓

呉学文

一九五八年

一月廿日

晨

新協五三号

昭和卅三年一月十八日

社団法人日本新聞協会

事務局長　横　田　實

外　務　省

情報文化局長

近　藤　晋　一　殿

新華社特派員二名の国会傍聴あつせん御依頼の件

目下滞日中の新華社特派員丁拓、呉学文の両氏は一月二十五日に再開される国会の傍聴を希望しておりますので、両氏にその機会をお与えくださるよう何分よろしくお願い申しあげます。

両氏はこのほど来日した中国紅十字会の李徳全女史ら一行の随員として来日し、その後も日本に関する報道を行い、かつ日中両国間の特派員交換問題につき当協会をはじめ各新聞通信社と協議懇談するため、一月末日まで滞在期間の延長を認められております。

付記＝両氏略歴

丁　拓（テイン・トウ）　一九三八年法政大学を中退して帰国、延安で報道宣伝関係の仕事に従事、現在新華社国際部副主任

呉学文（ウー・シュエウエン）一九四二－三年に日本大学に学び、帰国後学生運動にたずさわり、中国解放前後には東北・北京などで記者生活をおくり、一九五三年新華社に入社、現在中国新聞工作者協会国際連絡部副部長

以　上

昭和三十三年一月二十一日

中華人民共和国新華通訊社特派員

（丁　拓）

（呉学文）

衆議院事務総長

鈴木隆夫殿

私たち二名は来る一月二十五日に再開される通常国会の衆議院本会議を報道のため一月二十　日（　）に傍聴いたしたいと思いますので、許可されるようお願いします。

以上

昭和三十三年一月二十一日

中華人民共和国新華通訊社特派員

（丁　拓）

（呉学文）

参議院事務総長

河　野　義　克　殿

私たち二名は来る一月二十五日に再開される通常国会の参議院における開会式を報道のため傍聴したいと思いますので、許可されるようお願いします。

以　上

（　　）

一月二十八日
午後十一時五十分
インド航空

朝日　三好　修
毎日　松本　博一
読売　西村　忠郎
産経　長谷川　仁（香港）
共同　上出　正七
NHK　小林　一夫
中日　伊藤　喜久蔵

No. 451
33.1.22

局長え

鄧拓会長
TEI TAKU KAICHO
中国 新聞 工作者 協会
CHUGOKU SHINBUN KOOSAKUSHA KYOKAI
北京
PEKING

NIHON SHOHINTENNI NIHONKISHA ROKUMEIGA SANKAGETSU KIKOKUNI NYUKOKUWO
日本 商品展に 日本記者 6名が 3カ月 貴国に入国を
YURUSARERUTONO SHINKASHAKARA TEI-TAKU [redacted] GO-GAKUBUN RYOSHIATE
許されるとの 新華社から 丁拓 呉学文 両氏宛
ICHIGATSU HATSUKAZUKE DENPONIMOTOZUKI ASAHI MIYOSHI MAINICHI MATSUMOTO
1月 20日付 電報に基き 朝日 三好 毎日 松本
YOMIURI NISHIMURA SANKEI HASEGAWA KYODO KAMIDE NHK KOBAYASHI GA
読売 西村 産経 長谷川 共同 上出 NHK 小林 が
GAIMUSHONI RYOKENSHINSEI SHIMASHITA. KIKANO GOJINRYOKUWO [redacted]
外務省に 旅券申請 しました。 貴下の 御尽力を
KANSHASHI IKKONO TAIZAICHU SHOSHUNO BENGIWO ATAERARERUYO YOROSHIKU
感謝し 一行の 滞在中 諸種の 便宜を 与えられるよう よろしく
ONEGAISHIMASU. NIHON SHINBUNKYOKAI YOKOTA
お願いします。 日本 新聞協会 横田

社団法人 日本新聞協会

No. 45

33.1.22

TELEGRAM

NIPPON TELEGRAPH & TELEPHONE PUBLIC CORPORATION

R. No. Out	Time Sent	By	Collated by	Charges
Office of Destination	Class	office of Origin		
No.	Words	Date Time	Remarks	

TO
LT TEITAKU KAICHO
CHUGOKU SHINBUN KOOSAKUSHA KYOKAI
PEKING

Accepted by

NIHON SHOHINTENNI NIHONKISHA ROKUMEIGA SANKAGETSU KIKOKUNI NYUKOKUWO YURUSARERUTONO SHINKASHAKARA TEI-TAKU GO-GAKUBUN RYOSHIATE ICHIGATSU HATSUKAZUKE DENPONIMOTOZUKI ASAHI MIYOSHI MAINICHI MATSUMOTO YOMIURI NISHIMURA SANKEI HASEGAWA KYODO KAMIDE NHK KOBAYASHI GA GAIMUSHONI RYOKENSHINSEI SHIMASHITA. KIKANO GOJINRYOKUWO KANSHASHI IKKONO TAIZAICHU SHOSHUNO BENGIWO ATAERARERUYO YOROSHIKU ONEGAISHIMASU

NIHON SHINBUNKYOKAI YOKOTA

Sender's Name and Address
(Not to be transmitted)
(Tel)

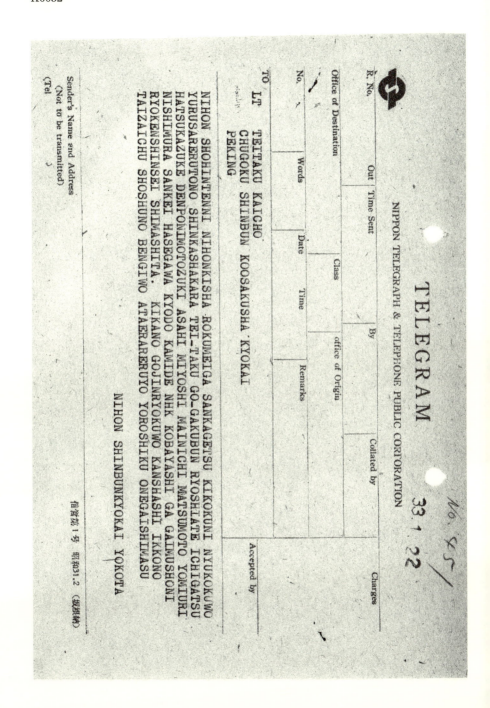

信管第1号 昭和31.2 （坂根納）

係	課長	部長	事務局長
	国際 33.1.30 交員		

LETTER TELEGRAM
8 時配達

33.1.30
No. 809

CY781/WTB1443
ZJ294 PEKING 61 29 2217
00 0588 協

LT 2480 2609 2450 5113 2585 2897 3944
日 本 新 聞 会 横 田
1395 0341 3932 TOKYO
実 先 生
0171 7193 2392 1885 9975 2480 2609 6068 5074 0171
来 電 收 悉 。 日 本 記 者 来
0022 0948 6078 0795 1412 0288 6665 0637 0001 2876
中 国 訪 問 将 像 過 去 一 样
1779 0451 0022 0948 2450 5113 3954 4104 1620 0504
得 到 中 国 新 聞 界 的 幫 助
9975 6210 1788 0613 4376 0256 1660 0022 0948 2450
。 謹 復 即 祝 健 康 中 国 新
5113 1562 0155 5074 0588 2585 6772 2148
聞 工 作 者 協 会 鄧 拓

SHIMBASHI LTD. JAN. 30. 1958 K.D.D. JAPAN

CFM TOKYO

ALSO LT

JAN 30 0044

READ ADDS 6TH WA 5113 0588 IRPT 0588 2585 ETC INSERT

K0054

中国紅十字会总会

笠置正明先生：

中国紅十字会訪日代表團已經在1月19日回到北京。我們這次在貴国訪問期間，受到日本各界朋友盛情接待，有机会訪問了貴国許多地方與各界人士进行了廣泛的接触，增进了我們彼此之間的了解和友誼。日本人民對于中日両国友好與和平的熱望給我們以深刻的印象。中国紅十字会將为両国的友好與和平繼續貢献出自己的力量。特此致謝，并祝

身体健康！

中国紅十字会訪日代表团

李德全　　廖承志

1958年2月15日

供覧	担当課長	総務課長	国際	編集				局次長	局長
様式 No.8		総務 33.3.13 森	国際 33.3.13	編集 33.3.13 前田				すみ	

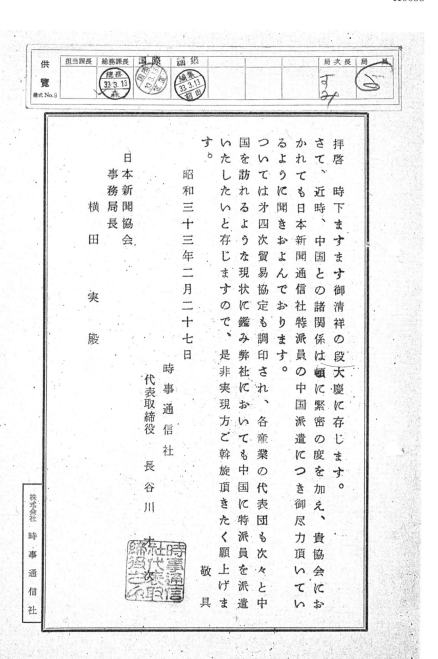

拝啓　時下ますます御清祥の段大慶に存じます。

さて、近時、中国との諸関係は頓に緊密の度を加え、貴協会におかれても日本新聞通信社特派員の中国派遣につき御尽力頂いているように聞きおよんでおります。

ついては才四次貿易協定も調印され、各産業の代表団も次々と中国を訪れるような現状に鑑み弊社においても中国に特派員を派遣いたしたいと存じますので、是非実現方ご斡旋頂きたく願上げます。

敬具

昭和三十三年二月二十七日

時事通信社

代表取締役　長谷川才次

日本新聞協会

事務局長

横田実殿

株式会社　時事通信社

中国特派員問題打合せ会

三月六日 ひる 役員室

出席者 （長谷川）朝日 （橋）毎日 白神（読売）
（佐々木）産経 （寺西）共同 （和田（中日） 館野（NHK）

北京日本記者団から横田事務局長宛の三月 日発電文を披露、横田氏が台湾へ行ったために日本記者団が取材制限をうけているような印象を与えているが、横田・呉丁両氏の紳士協定、および一月二十日付新華社からの来電内容を伝えて 商品展取材記者中国入国の手続を説明、了解を求めた。

なお 呉丁両氏 入国申請にからみ、一応 二名を入国させる努力を協会事務局で行い、問題がおきたらまた協議することとなった。

国際

供覧	課長	総務課長	主管部長	局次長	局長
様式 No.8		33.3.13		33.3.13	

33.3.13

PTLE40/

WTD2931
ZJ447 PEKING 18/17 13 1254 COLLECT

PRESS KYODO TOKYO

TUGINOKOTOWO SINBUNKYOO KAINIDENTATUKOU GOGAKUBUN TEITAKUWA
ITIFUTUKACHUUNI KIKYOOKAINI TAISI NYUUKOKUNI TUITENO IRAIDEWODASU
KEIKAHOOKOKU MITA KISHADAN

PRESS KYODO TOKYO

x

「次のことを新聞協会にお伝え乞う。「呉学文、丁拓は一両日中に貴協会に対し、入国についての依頼を出す。」経過報告見よ」

在北京
日本記者団

丁、呉両記者の派遣で電請

中国新聞工作者協会より三月十六日付で、別項のような電報が日本ジャーナリスト会議吉野源三郎議長に寄せられました。これと同時に、同じ趣旨の電報が日本新聞協会横田事務局長、共同通信社松方理事長のもとにも入電しています。

（電文写）

中日両国の記者交換を早期に実現させるために、われわれは両国の新聞界が平等・互恵の原則に基き、東京において協議を進めるよう提案します。この問題の解決のためにまず、われわれは新華社の丁拓、呉学文両記者を東京へ派遣するように決定しました。彼等は新華社記者として日本に常駐すると同時に、中華全国新聞工作者協会を代表して、日本新聞界と両国の記者交換問題について交渉するはずです。この問題に関して、われわれは既にわが国外交部の関係方面の同意を得、日本外務省が新華社記者の入国査証を発するのを待って、中国でもまた、二人の日本記者の入国を許可するはずです。これはことの順序であつて、中日記者交換の正式交渉は、丁、呉両氏が東京で貴方代表と協議するわけです。新華社記者の丁拓、呉学文両氏はただちに日本へ行ける準備をしており、すでに日本新聞協会を経て両記者の入国許可を申請しているので、貴会の大いなる御援助をお願いします。

中華全国新聞工作者協会

会長　鄧拓

P5

0336 6079 0357 0682 2480 2609 6068 5074 0354 1064
允 許 兩 名 日 本 記 者 入 境
6638 2508 0001 0020 0341 5887 4104 2975 7532 5267
這 是 一 个 先 行 的 步 驟 至
0060 0022 2480 0074 2255 6068 5074 4104 2973 1709
于 中 日 交 換 記 者 的 正 式
0588 6231 1412 3945 0002 9977 0702 0357 0341 3932
協 議 將 由 丁 ， 吳 兩 先 生
5280 6311 2455 0108 5903 0961 2639 0079 0794 6151
與 貴 方 代 表 在 東 京 商 談

P6

2450 5478 4357 6068 5074 0002 2148 0702 1331 2429
新 華 社 記 者 丁 拓 吳 学 文
0357 0341 3932 0402 0271 0613 0637 2480 2609 1585
兩 先 生 准 備 即 去 日 本 希
2598 6311 2585 3634 0100 0226 6586 3810 0354 1064
望 貴 會 為 他 們 辦 理 入 境
4687 6086 0100 0226 4104 6233 3564 5714 4316 2508
簽 証 他 們 的 護 照 號 碼 是
0002 2148 S . 0 (13562) 0702 1331 2429
丁 拓 吳 学 文

P7

S . (005417) 2417 0230 1788 7193 9999 0022
敬 候 復 電 ×× 中
5478 0356 0948 2450 5113 1562 0155 5074 0588 2585
華 全 口 新 聞 工 作 者 協 会
2585 7022 6772 2148 9916
会 長 鄧 拓 十六日

CFM TOKYO S . 0 13562 S . 005417

供覧	担当課長	総務課長	主管部長	局次長	局長
様式 No. 8	国際 33.3.17	総務 33.3.17 森		33.3.17	6

SHIMBASHI LTD. MAR. 16. 1958 K.D.D. JAPAN

No. 844

CY1514/WTD5173
ZJ842 PEKING 326/325 16 1615
東 京 日 比 谷 公 園 市 政 会
2639 0079 2480 3024 6253 0361 0954 1579 2398 2585
館 日 本 新 聞 協 会 本 田 親
7419 2480 2609 2450 5113 0588 2585 2609 3944 6024
男 先 生
3948 0341 3932

TOKYO

3634 0191 6651 0022 2480 0357 0948 0074 2255 6068
為 促 進 中 日 兩 门 交 換 記
5074 2483 2480 1395 3807 2053 0226 1696 6231 0357
者 早 日 実 現 我 們 建 議 兩
0948 2450 5113 3954 2704 2207
门 新 聞 界 根 据

P2

1627 4583 0062 1920 0626 0463 4539 0613 0961 2639
平 等 互 惠 原 則 五 月 在 東
0079 7030 1193 6651 5887 05588 0794 3634 0055 0402
京 開 始 進 行 ? 商 為 了 准
0271 6638 0020 0795 7344 4104 6043 3082 2053 0226
備 這 个 問 題 的 解 決 我 們
3082 1353 0341 3175 0357 0143 6068 5074 (2450 5478
決 定 先 派 兩 位 記 者 新 華
4357 4104 0002 2148 0341 3932 0735 0702 1331
社 的 丁 拓 先 生 和 吳 學

P3

2429 0341 3932) 0467 1766 2639 0079 0100 0226 0155
文 先 生 前 往 東 京 他 們 作
3634 2450 5478 4357 4104 6068 5074 0402 0271 1603
為 新 華 社 的 記 者 准 備 常
7465 2480 2609 0681 2514 0642 0649 2938 0108 5903
駐 日 本 同 時 又 受 權 代 表
0022 5478 0356 0948 2450 5113 1562 0155 5074 0588
中 華 全 国 新 聞 工 作 者 協
2585 0681 2480 2609 2450 5113 3954 0794 6151 0074
会 同 日 本 新 聞 界 商 談 交

P4

2255 6068 5074 0795 7344 5280 2974 0681 2514 2053
換 記 者 問 題 與 此 同 時 我
0226 1571 1767 1779 2053 0948 1120 0074 6752 2589
們 已 征 得 我 国 外 交 部 有
7070 2455 7240 4104 0681 1942 0001 0203 2480 2609
関 方 面 的 同 意 一 俟 日 本
1120 0523 4164 4099 4822 2450 5478 4357 6068 5074
外 務 省 発 給 新 華 社 記 者
…54 … 0022 0948 0455 7240 0076 1412
中 国 方 面 亦 將

日中記者交換に関する
中華全国新聞工作者協会会長鄧拓氏から
日本新聞協会会長本田親男氏宛電文
昭和三十三年三月十六日付

日中両国記者の交換早期実現を促進するため、われわれは平等互恵の原則に基き、即時東京でこの問題の解決をはかるべく交渉を開始するよう両国新聞界に提議します。

われわれはまず新華社の丁拓、呉学文両記者を東京に派遣し、新華社記者として日本常駐の準備にあたらせるとともに、中華全国新聞工作者協会の代表として日本新聞界と記者交換問題につき交渉する権限を与えることに決定しました。同時にまたわれわれは、すでに外交部の関係当局から日本外務省が新華社記者に入国査証を発給すれば中国側もただちに日本記者二名の入国を許可するとの同意をえています。これは丁、呉両記者が東京で日本代表と両国の記者交換につき正式に交渉するための第一歩であります。

新華社記者の丁、呉両氏はすぐにでも日本に行けるよう待機していますが、貴協会におかれて右両氏の入国査証事務を処理くださるようお願いいたします。

御返電をお待ちします。

発信者　在北京六社記者団

宛名　日本新聞協会本田会長

日付　昭和三十三年三月十七日

用件　丁拓、呉学文両氏の入国問題に対し貴会長の御協力を御願い致します。

共同通信社原稿用紙　20×10

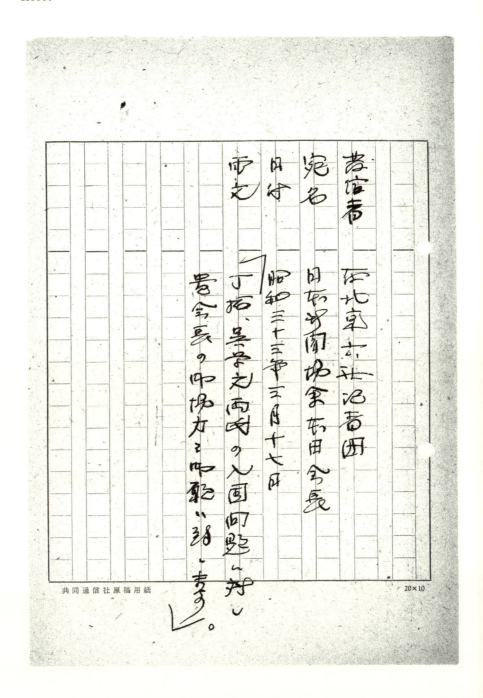

新華社記者入手の件は 新紀元電話法の改正法案の実施期日は五月一日からとなる見込なので 当局により入国すれば旧法律が適用され 改正法によって引渡され一年間の懲役は二年の懲役となる
本件は在日本大使館実施後に密航すること（継続）が適当と思う。
密航者については記者当局の取締は一時停止の相互代表に為りて入国を許可すれば足りるのであって本件に関して改めて了承は不成立を認めることは必要ないと考える

（参考）

発信者　在北京六社記者団

宛名　六社（朝日、毎日、産経、NHK、共同）
編集局長

日付　昭和三十三年二月十七日

電文　中国新聞協会連誼会長から
日本新聞協会原田会長あてに
十六日、丁拓、呉学文両氏の
入国について申入れが行われた。
貴社の御協力を御願いいたします。

共同通信社原稿用紙　20×10

日本

新聞協会さんは交換実現のために今後共
工作に努められますように

日本新聞協会

~~[illegible]~~

~~[illegible]新聞報~~

中華全国新聞工作者協会長

鄧拓先生

[illegible]大臣

[illegible]局長

[illegible]

[illegible]

[illegible]

[illegible]

[illegible]

[illegible]

[illegible]

[illegible]

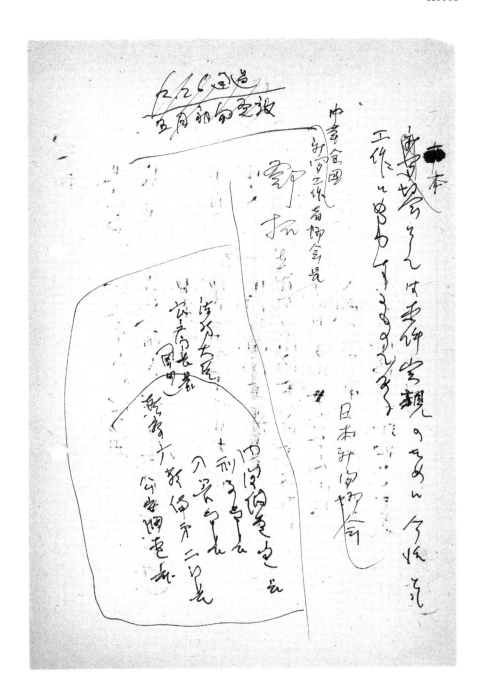

K0062

TELEGRAM

NIPPON TELEGRAPH & TELEPHONE PUBLIC CORPORATION

R. No. 484/58	Out	Time Sent March 20	By	Collated by	Charges ¥792
Office of Destination		Class	office of Origin		
No.	Words	Date	Time	Remarks	

TO LT NIHON KISHADAN
PEACEHOTEL PEKING

Accepted by

TOOTAKU KAICHOATENI HATSUKA HENDEN SHIMASHITA

ATOFUMI SHINBUNKYOKAI TOKYO

Sender's Name and Address
(Not to be transmitted)
(Tel)

信営第1号 昭和31.2 (坂根納)

TELEGRAM

NIPPON TELEGRAPH & TELEPHONE PUBLIC CORPORATION

R. No. Out	Time Sent	By	Collated by	Charges
Office of Destination	Class	office of Origin		
No.	Words	Date Time	Remarks	

TO

LT TOTAKU KAICHO
CHUGOKU SHINBUN KOOSAKUSHA KYOKAI
PEKING

Accepted by

SHINKASHAKISHA NYUKOKUNO KENWA GAIKOKUJIN TOOROKUHOO KAISEIHOONO JISSHIKIJITSUGA GOGATSU CHUJUN TONARU MIKOMINANODE SOREIZENNI NYUKOKUSUREBA KYUHOORITSUGA TEKIYOOSARE KAISEIHOO NIYORU ICHINENKANNO TAIZAIWA FUKANOOTO NARIMASU. SHITAGATTE NYUKOKUWA KAISEIHOONO JISSHIGONI SURUNOGA TEKITOOTO OMOIMASU. NIHON SHINBUN KYOKAI TOSHITEWA KISHAKOOKAN MONDAIWA RYOKOKUNO SOOGO SHINRAINI MOTOZU[illegible]ITE NYUKOKUWO KYOKASHIAEBA KAIKETSURURU NODEATTE HONNEN ICHIGATSUNI TEITAKU GOGOKUBUN RYOSHITO KONDANSHITA NAIYOO IJOONI ARATAMETE KOSHOO SURUKOTOWA NAITO KANGAEMASU. TORIAEZU TOOKYOKAIWA KAISEIHOO SHIKOOGO ICHINICHIMO HAYAKU SHINKASHAKISHA NIMEINO NYUKOKUGA JITSUGEN SARERUYOO KANKEIHOOMENTO SESSHO SHIMASUKARA KIKYOKAINI OKARETEMO TOOKYOKAITONO KONDAN NAIYOONI SHITAGATTE DEKIRUDAKE OOKUNO NIHONKISHAGA KIKOKUNI CHUUZAI DEKIRUYO GODORYOKU ARANKOTOWO YOOSEI ITASHIMASU. SHINBUNKYOKAI TOKYO

Sender
(No
(Tel

TELEGRAM

KOKUSAI DENSHIN DENWA CO., LTD.

R. No.	ORIG. No.	TIME SENT	BY	COLLATED BY	CHARGES
483/58	March 20	11 AM			¥3672

ROUTE	CLASS	STATION FROM	WORDS	DATE TIME	REMARKS

VIA

TO LT 0022 5478 0948 2450 5113 1562 5074 0588 2585
2585 7022 6772 2148 Peking

0356 0155

ACCEPTED BY

EXAMINED BY

SHINKASHAKISHA NYUKOKUNO KENWA GAIKOKUJIN TOOROKUHOO KAISEIHOONO
JISSHIKIJITSUGA GOGATSU CHUJUNTONARU MIKOMINANODE SOREIZENNI
NYUKOKUSUREBA KYUHOORITSUGA TEKIYOOSARE KAISEIHOONIYORU
ICHINENKANNO TAIZAIWA FUKANOOTO NARIMASU SHITAGATTE NYUKOKUWA
KAISEIHOONO JISSHIGONI SURUNOGA TEKITOWOTO OMOIMASU
NIHON SHINBUN KYOKAI TOSHITEWA KISHAKOOKAN MONDAIWA RYOKOKUNO
SOOGO SHINRAINI MOTOZUITE NYUKOKUWO KYOKASHIAEBA KAIKETSUSURU
NODEATTE HONNEN ICHIGATSUNI TEITAKA GOGAKUBUN RYOSHITO KONDANSHITA
NAIYOOIJOONI ARATAMETE KOSHOO SURUKOTOWA NAITO KANGAEMASU
TORIAEZU TOOKYOKAIWA KAISEIHOO SHIKOGO ICHINICHIMO HAYAKU
SHINKASHKISHA NIMEINO NYUKOKUGA JITSUGEN SARERUYOO KANKEIHOOMENTO
SESSHO SHIMASUKARA KIKYOKAINI OKARETEMO TOOKYOKAITONO KONDAN
NAIYOONI SHITAGATTE DEKIRUDAKE OOKUNO NIHONKISHAGA KIKOKUNI
CHUZAI DEKIRUYO GODORYOKU ARANKOTOWO YOOSEI ITASHIMASU
SHINBUNKYOKAI TOKYO

SENDER'S NAME AND ADDRESS (NOT TRANSMITTED) TEL.

K0063

(御参考)
2
松方専務
岩[illegible]理事
北京
新華社社長
呉冷西
十六日
日中両国記者の交
換早期実現を
促進するために

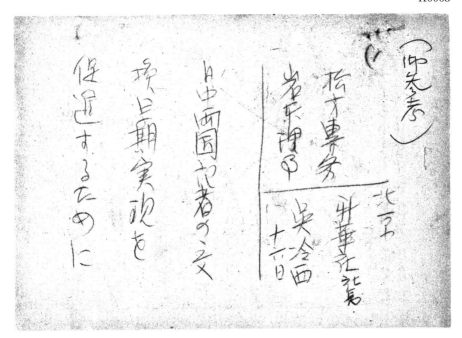

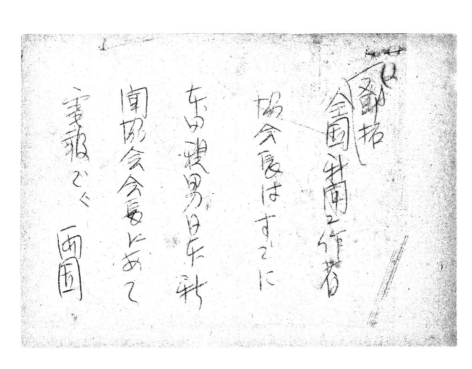

2
(鄧拓)
全国新聞工作者
協会長はすでに
本田親男日本新
聞協会会長にあて
電報で　両国

K0063

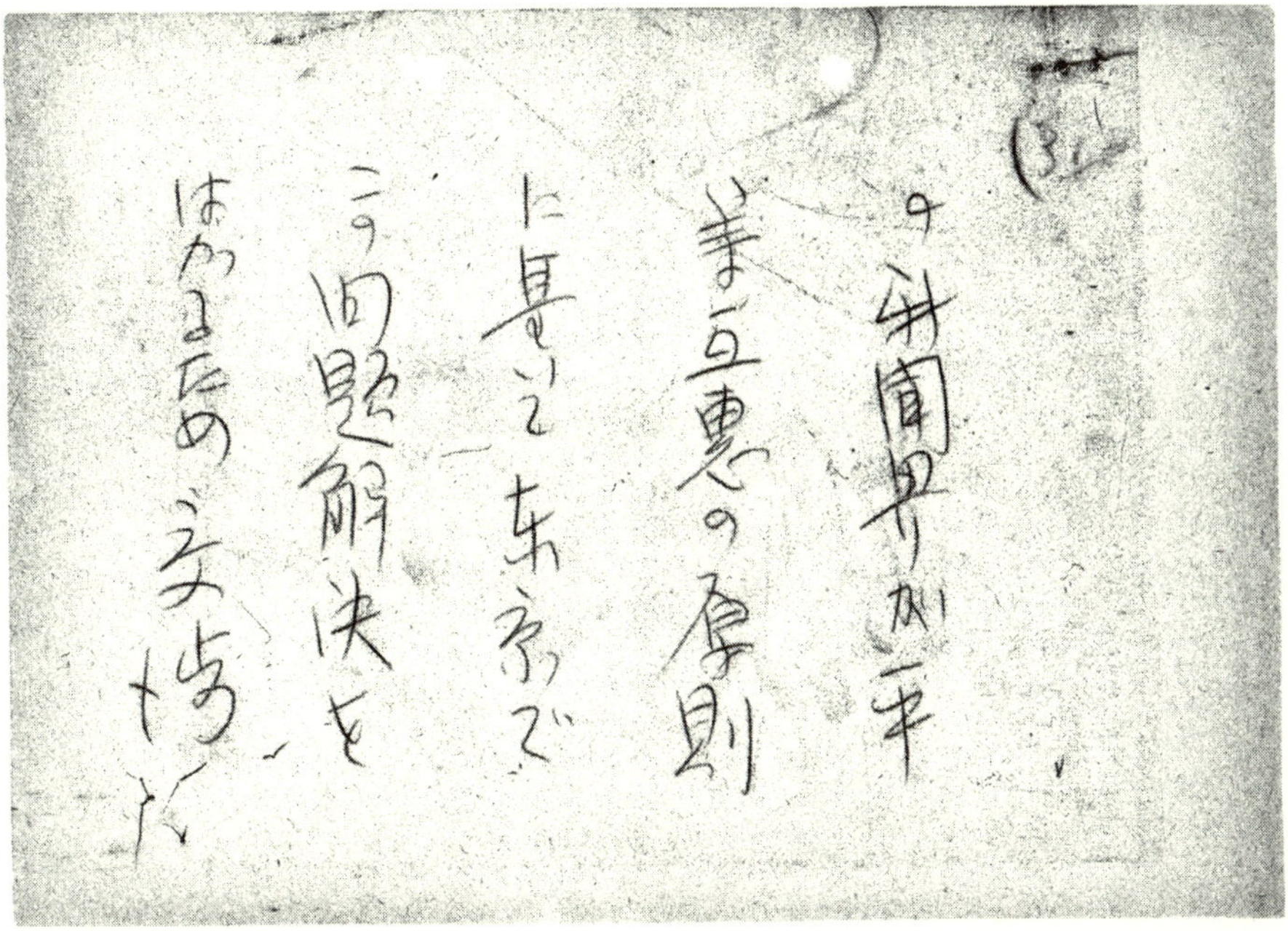

(13

の朝間題が平
等互恵の原則
に基づき東京で
この問題解決を
はかるための交渉だ

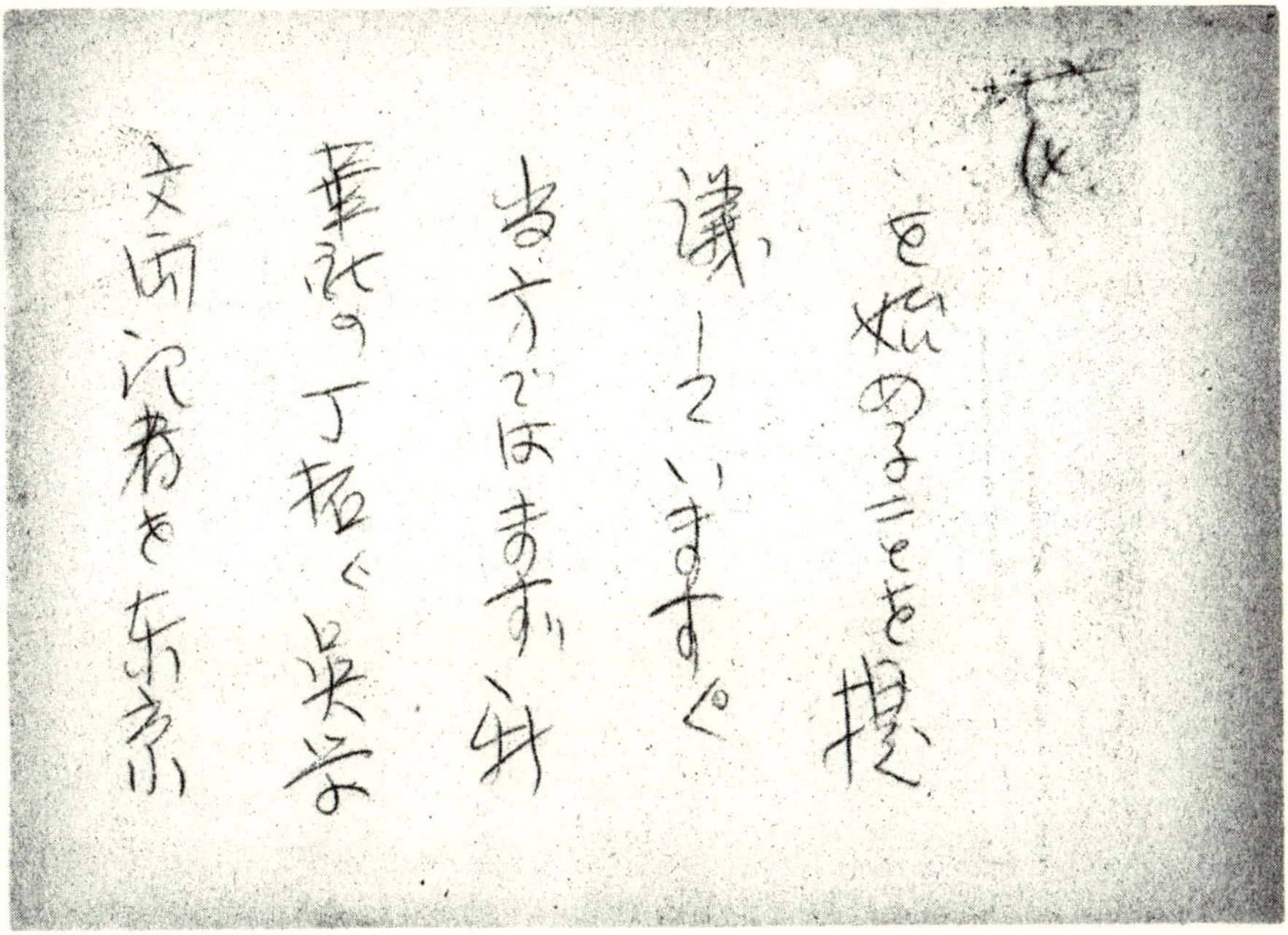

(14

を始めることを提
議しています
当方ではまず朝
鮮の了解と実学
文局記者を東京

15

に派遣し、新華社記者の日本常駐の準備にあたるとそに中国新聞工作者協会の

16

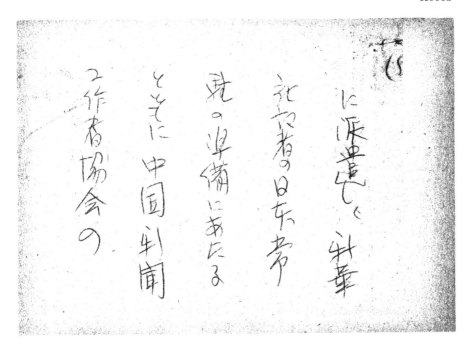

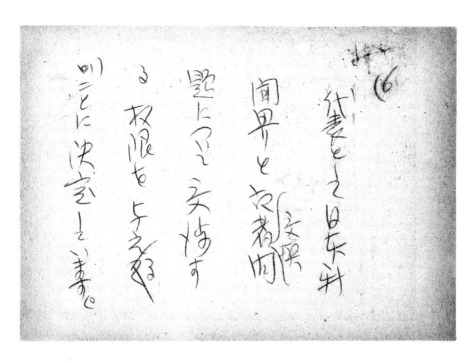

代表として日本新聞界と記者交換問題について交渉する権限を与える旨ことに決定しています

17

また之と同時に我
方はすでに外交部の関係当局
対日本外務省が
新華社記者に入国
査証を発給する

18

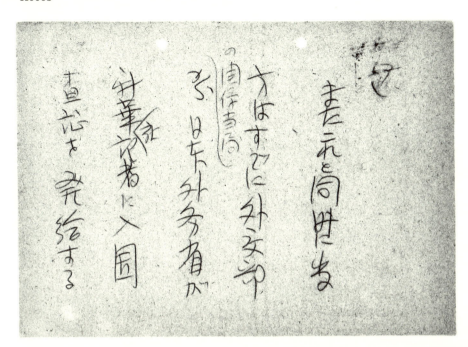

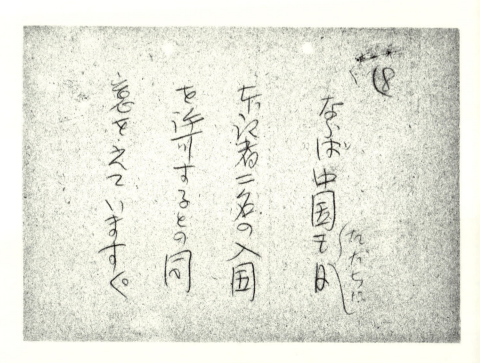

ならば中国もただちに日
本記者二名の入国
を許可するとの同
意をえています

15

これは丁く呉両
記者が朱家で日
本代表と両国の
記者交換について
(会見に)実際するための

16

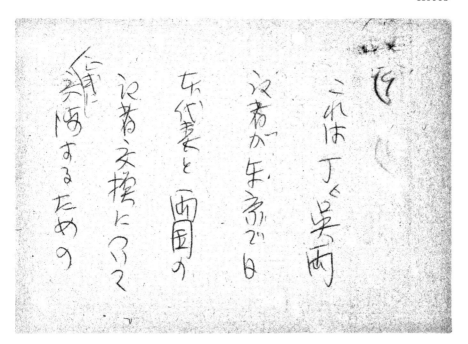

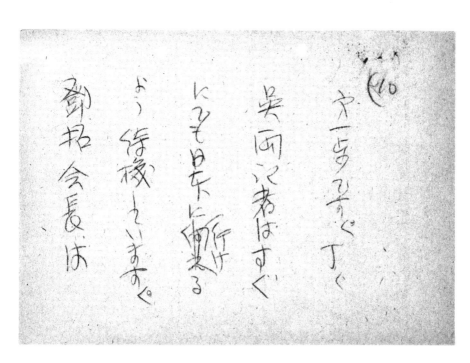

第一歩ですぐ丁く
呉両記者はすぐ
にでも日本に行ける
よう待機していますすぐ
劉招会長は

(44)

すでに日本新聞
協会に要望
を送り同協会加盟に
新聞記者の入国
査証事務を
お願いしました。

(45)

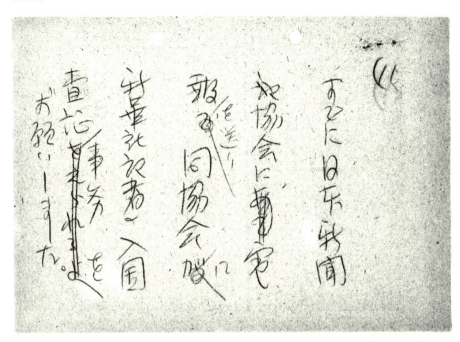

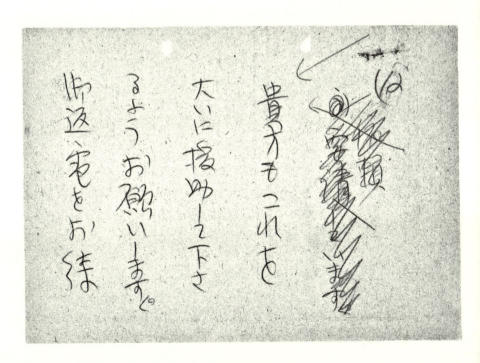

[illegible]
貴方もこれを
大いに援助して下さ
るようお願いします
御返電をお待

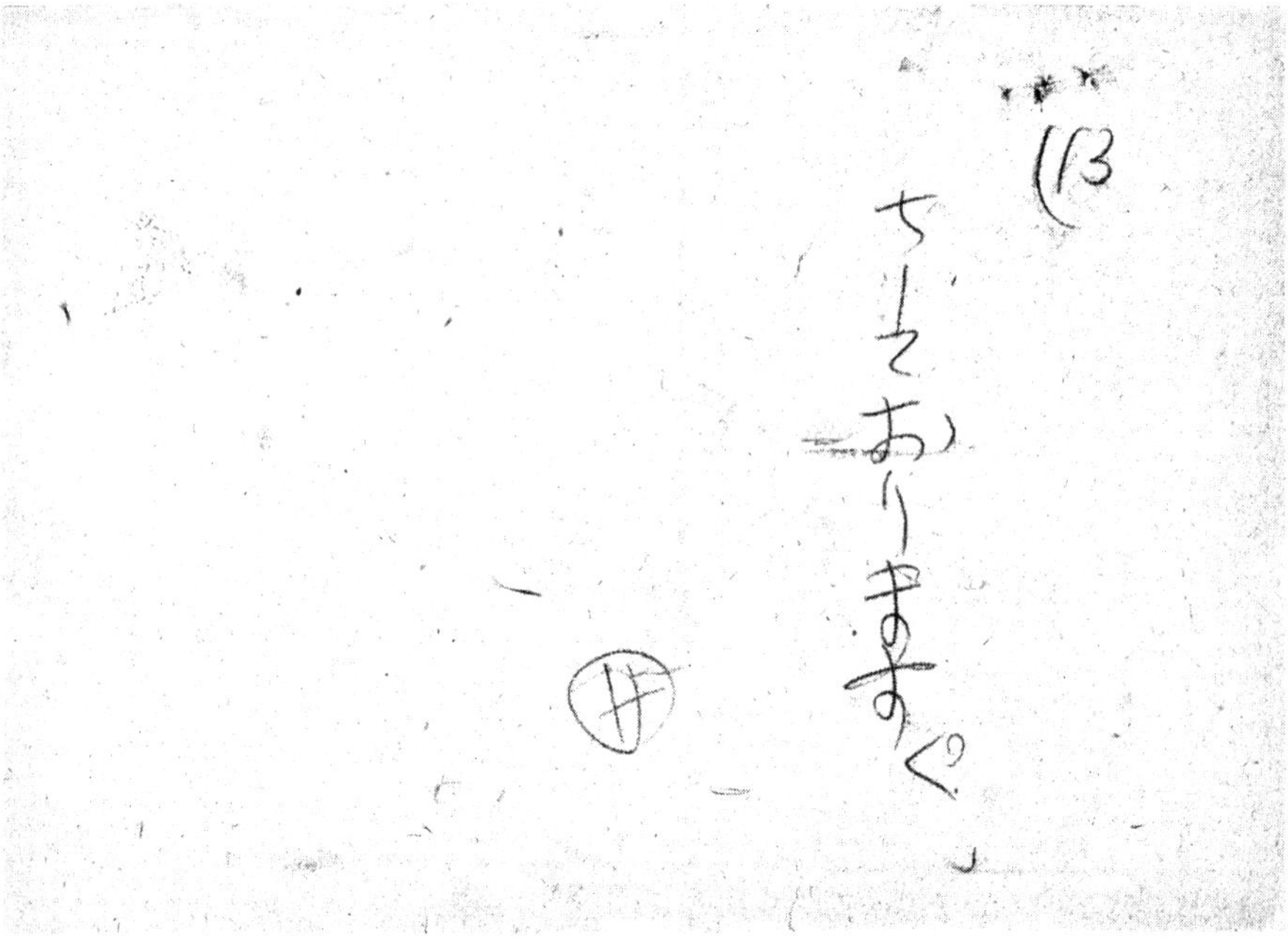
113

NIHON SHIMBUN KYOKAI
(THE JAPAN NEWSPAPER PUBLISHERS & EDITORS ASSOCIATION)

SECRETARIAT Shisei Kaikan Bldg. Hibiya Park, Chiyoda-Ku, TOKYO
CABLE ADDRESS SHIMBUNKYOKAI
TELEPHONE (59) 4401-8

在北京六社記者団 殿

丁拓 呉学文両氏の入国問題に関する協力依頼の本田会長宛三月十七日付貴電拝見しました。当協会は三月十六日付で鄧拓会長からの電報を受取り、二十日付でつぎのような返電を送りました。

鄧拓中国新聞工作者協会長宛

新華社記者入国の件は、外人登録法改正法の実施期日が五月中旬となる見込みなので、それ以前に入国すれば旧法律が適用され、改正法による一年間の滞在は不可能となります。したがって入国は改正法の実施後にするのが適当と思います。日本新聞協会としては記者交換問題は両国の相互信頼に基いて入国を許可しあえば解決するのであって、本年一月に丁拓 呉学文両氏と懇談した内容以上に改めて交渉することはないと考えます。とりあえず当協会は改正法施行後一日も早く新華社記者二名の入国が実現されるよう関係方面と~~[illegible]~~折衝いたしますから、貴協会においても当協会との懇談内容にしたがって、できるだけ多くの日本記者が貴国に駐在できるよう御努力あらんことを要請いたします。

念のため 指紋問題のからむ外国人登録法改正法は さる

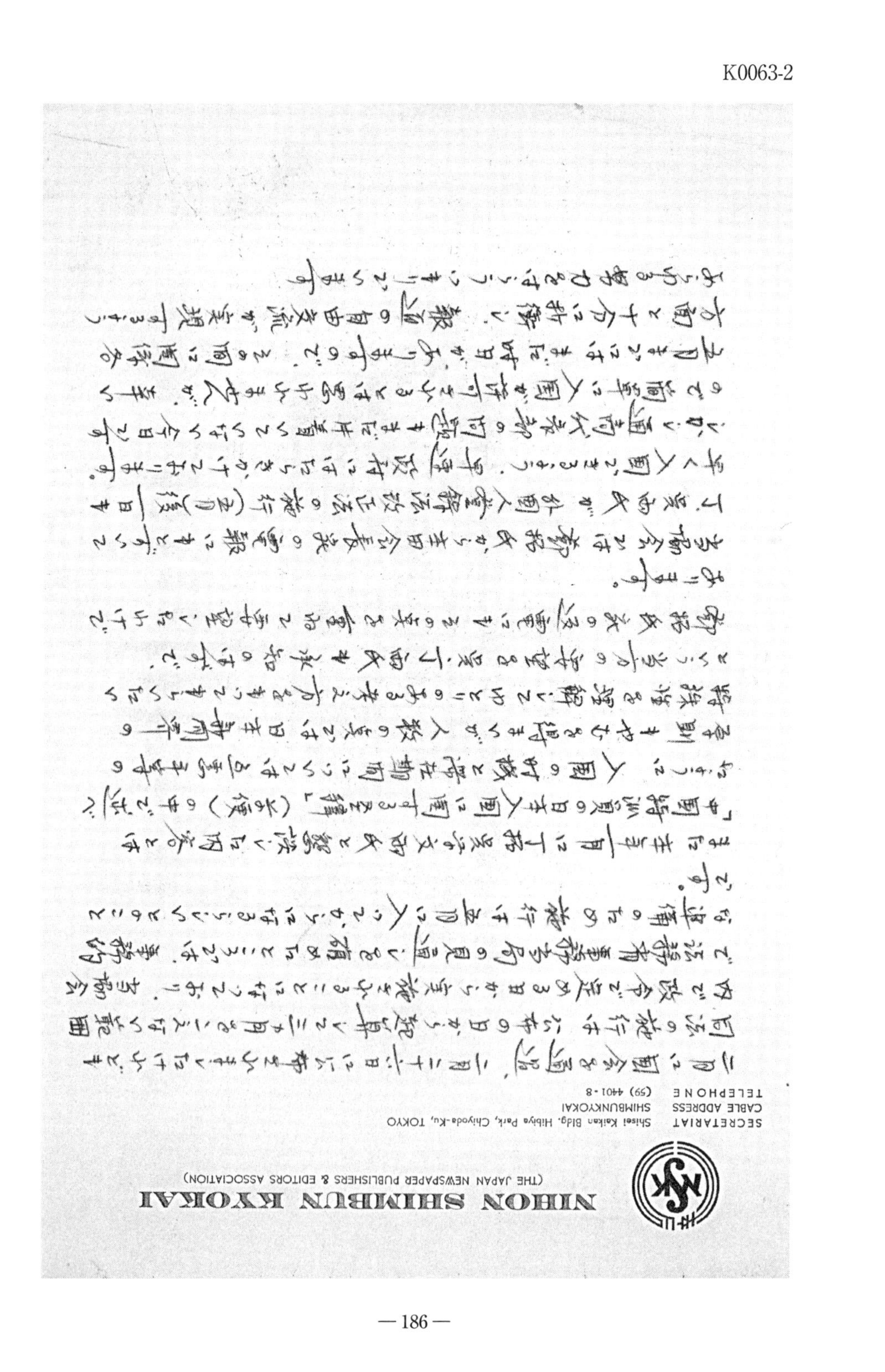

NIHON SHIMBUN KYOKAI
(THE JAPAN NEWSPAPER PUBLISHERS & EDITORS ASSOCIATION)

SECRETARIAT Shisei Kaikan Bldg. Hibiya Park, Chiyoda-Ku, TOKYO
CABLE ADDRESS SHIMBUNKYOKAI
TELEPHONE (59) 4401-8

[illegible]

新聞協会　日参行

(写)

北京　新華社
社長　呉　冷　西　殿

日中記者交換に関する貴電拝誦、その第一着手として丁拓、呉学文両氏の入国査証促進につき日本新聞協会と協力の上努力します。

昭和三十三年三月二十二日

共同通信社
専務理事　松　方　三　郎

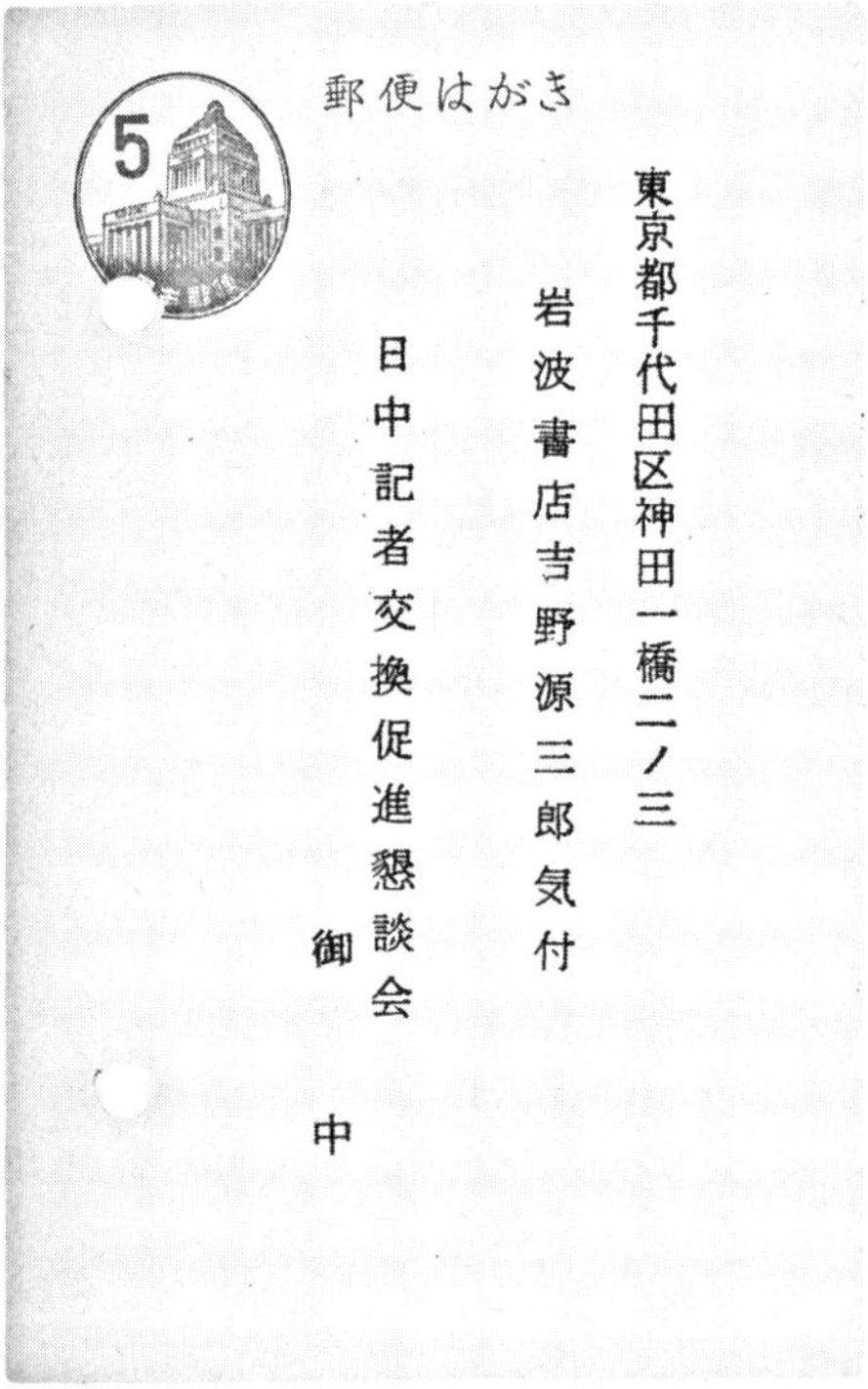

郵便はがき

東京都千代田区神田一橋二ノ三

岩波書店吉野源三郎気付

日中記者交換促進懇談会 御中

（賛同）　有　　無

（その他のご意見　）

（貴　名）

日中記者交換についてのお願い

日本と中国との間の国交回復は最近の貿易交渉の経過などを見ても近く実現される見通しはありませんが、それだけに今後両国間の関係を調整してゆくために、両国相互の実情と真実とを知ることは却つてますます必要なことと思われます。また、そのためには両国間に新聞記者が相互に派遣され直接報道に当ることが何よりも望ましいと存ぜられます。ところが現在両国間には常駐記者がまだおかれていないという残念な状態がつゞいております。中国側は日本側が中国記者の常駐を許せば、いつでも日本記者の中国常駐を許すとの平等互恵の態度をはつきりとつており、常駐記者として予定されている新華社の丁拓、呉学文両氏は昨年末中国紅十字会代表団に随行して来日し、新聞協会はじめ日本の新聞界と記者交換問題について懇談した後、二月間の滞在を終つて去る一月三十一日帰国致しました。

この問題の解決を妨げる障害となつていた外国人登録法中の指紋法条項は去る二月十九日国会を通過し、一まず障害は除去されました。しかし指紋法が改正されても直ちに日中間の記者交換が実現できるとは必ずしも楽観を許しません。そこで私どもが発起人となつて新聞界はじめ日中関係の諸団体、その他この問題に関心を寄せられる皆様約三十名にお集りを願つて一月二十三日学士会舘でこの問題に関する懇談会を開きました。席上、新聞協会代表よりこの問題についての経過報告があり、国会議員の方からは国会でもこの問題の解決に努力したいとの意見が表明されました。また指紋法改正が実現しても記者交換の問題が簡単には解決しないであろうという見込みについても参会者の意見が一致し、この際各方面によびかけて世論を喚起し記者交換を推進するため、記者交換促進会をつくるべきだとの提案もございました。何れにせよ、この問題を早く解決するためには、国会その他において政府に働きかける一方、新聞界が一致して共同で政府に要請することが最も肝要であるというのが参会者一同の一致した見解でありました。この懇談会における以上のような意見交換の結論として、私どもは記者交換を実現させるため、今後各種の方法を通じてさらに努力をつづけたいと思います。

ついては広く各方面に日中記者交換の問題を訴え、この運動について皆様の御賛同と御支持を得たいと存ずる次第でございます。同封の葉書に御賛同の有無、また記者交換を促進するにはどうしたらよいかについての御意見をお寄せ下されば幸いと存じます。

一九五八年三月

日中記者交換促進懇談会

発起人

浅沼稲次郎
針生健次郎
北村徳太郎
風見章
城戸又一
勝又功
中島健蔵
須田禎一
宿谷栄一
高木健夫
牛島俊作
山本熊一
吉野源三郎

千代田区神田一ツ橋二の三
岩波書店 吉野源三郎気付

（　　）

対政対 対策メモ、

外務省側は一応二名の入国を認める方針だが、ともかく閣議了解事項にもとづかなければならない。

中国側は最近いろいろと圧迫を加えてきているが、圧力に屈したような印象は与えたくない。

新聞側、

中国側が互恵平等の線を打出しているのをいいことにして外務省側で日本の記者数を制限するようなことがあっては困る。こっちはたくさん行きたいのだから　とりあえず向うの二人を……というふうに話をもちだすべきだ。

先の日本の記者が面白くないそうだが、個人について好ましくないというような断り方をされると困る。

人数の点　慎重に。　（一月二十日付　新華社電には互恵平等とあり）

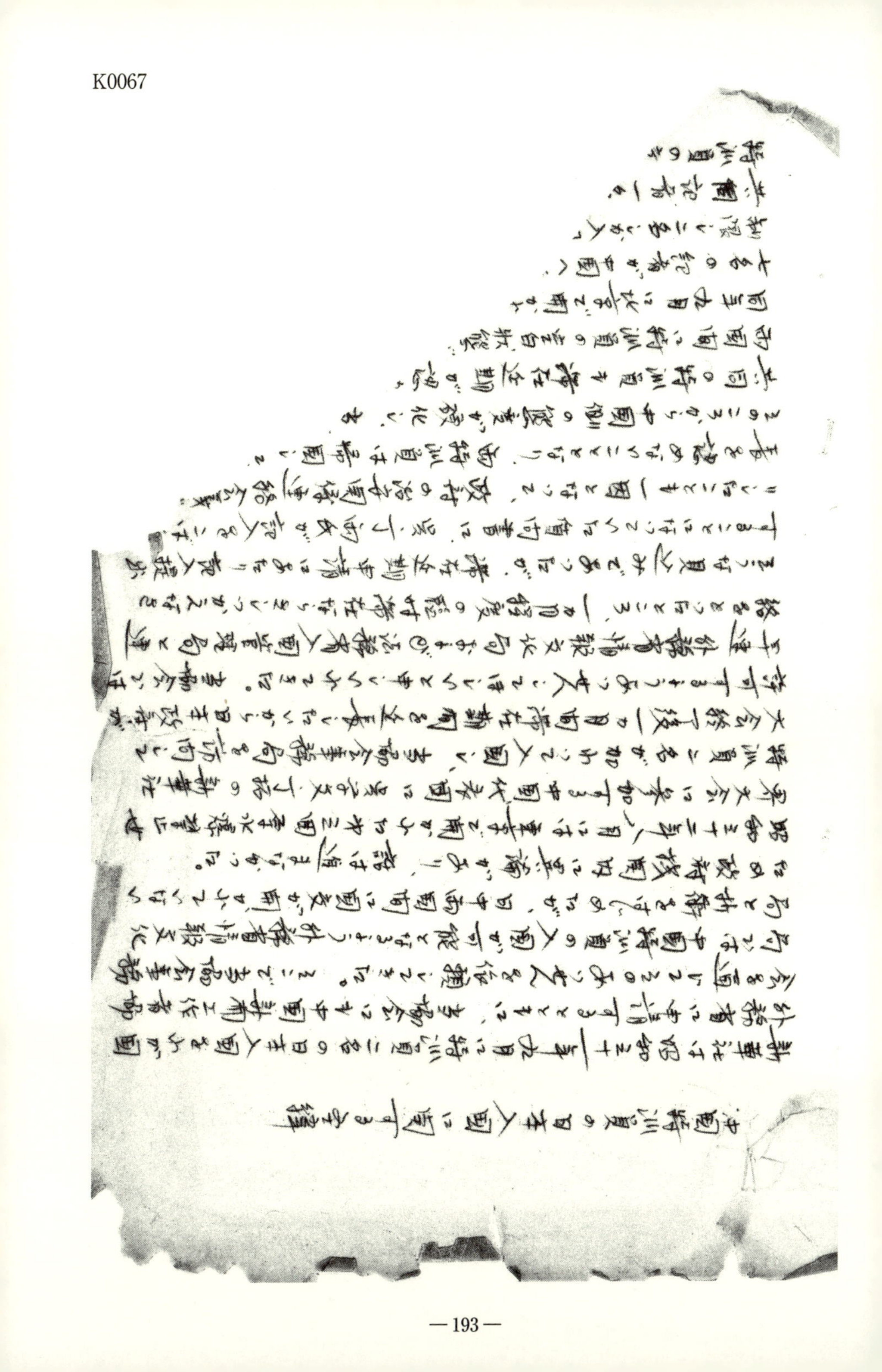

中國籍漁民の日本入國に関する記録

本事件は昭和三十一年九月に漁民二名の日本入國を[illegible]
外務省に申請するとともに、[illegible]中國紅十字會[illegible]
[illegible]
[illegible]中國籍漁民の入國が可能と[illegible]
[illegible]
[illegible]
昭和三十三年八月には[illegible]
[illegible]中國代表團[illegible]
漁民二名が加わって入國し、[illegible]
[illegible]
[illegible]
[illegible]
[illegible]
[illegible]
[illegible]
[illegible]
[illegible]中國側の[illegible]
今回の漁民[illegible]
両國間に漁民の[illegible]
同年七月に[illegible]
七名の[illegible]中國へ
[illegible]
[illegible]
漁民の[illegible]

[illegible]

人記者を入国させてくれれば、こちらからも向うに行っているのだから向うのも入れてほしい、といいやすくなるのだが、と、日本の記者を中国に先に入れるよう廣田事務局長は希望した。それに対し中国側はかつてはそのつもりで日本の記者を相当数入国させてきたが、今日では入国の時機と滞在期間については互恵平等の立場をとることにしている。たとえば三月一日に双方から同時に出発するというようなことも考えている。ただ人数の点だけは日本新聞界の特殊性を顧慮してゆとりのある考え方をもっており、五、六名の日本人記者が入国できるよう私たちも努力する、と呉・丁両氏は述べた。

一、廣田事務局長が二月には広州で開かれる日本商品展に日本からぜひ多数の特派員を送りたいと希望したのに対し中国側としても接待の都合があるから多数の記者を迎えることは困難だが、四名から六名くらいまでは展覧会の全会期を通じて中国に滞在できるよう早速本国に連絡する と呉・丁両氏は約した。

その結果 一月二十日に北京新華社から丁、呉両氏に大要つぎのような返電がきた

一、日本の記者が商品展取材のため中国を訪問する件については外交部から六名に対し短期国境出入許可証の発給が承認された。期限は三カ月。

一、常駐記者の交換人数は必ず平等互恵の原則を遵守すること。

以上のように呉・丁両氏が昨年十二月六日から本年一月末まで五十四日間の滞在を日本が認めたのに対し、中国側は日本人記者六名に対し三カ月の滞在を認めたわけである。ただし

おことわり

わが国政府当局の見解や各政党、民間各方面の意見については、連日の新聞紙上に紹介されておりますので、中国側の正確な資料をとりいそぎそろえてみました。

以上

資料

目次

一、三団体宛の「政府回答」……（二）
二、南漢宸主席の回答……（四）
三、十五日の北京人民日報社説……（八）
四、北京放送、国旗引下し事件で非難……（一〇）
五、日本漁船の中国側禁漁区侵入事件ひん発……（一一）
六、陳毅外交部長の談話……（一二）

以上

◎ 三団体宛の政府回答

日中貿易促進議員連盟など三団体は、去る三月二十四日池田正之輔議連代表理事を通じて、岸総理に、第四次日中貿易協定に対する政府の支持と協力を要請する文書を手交していた。これに対いする政府の回答は、四月九日午前、衆議院内において、池田議連代表理事に手渡された。また政府は、三団体宛回答したのち、愛知官房長官談話要旨を発表した。

当日、院内で待機していた日中貿易三団体代表は、政府回答を受け、政府回答と同時に発表されると伝えられた官房長官談話との関係について、意見の交換をおこなつた。この際、日中議連の社会党側理事は、政府回答にたいする社会党の態度は、後刻検討ののち決めたいとして、その態度を保留した。この会議に出席した三団体代表は、議連側、池田、野田、松浦、佐野、勝間田、帆足、前田、吉田、国貿促、伊藤、川勝、田尻、組合、以田、高見、の十三氏である。

貿易三団体に宛てなされた政府の回答文全文つぎの通り。

二

政府回答

和年三十三年四月九日

内閣総理大臣　岸　信　介

日中貿易促進議員連盟
代表理事　池田正之補　殿
日本国際貿易促進協会
会　長　山本熊一　殿
日中輸入組合
理事長　南郷三郎　殿

日中貿易協定について要請の件（回答）

昭和三十三年三月二十五日受理した同月十九日附の貴三団体から提出のあった標記について左記の通り回答します。

記

政府は日中貿易拡大の必要性にかんがみ、第四次の民間「日中貿易協定」の精神を尊重し、わが国々内諸法令の範囲内で且つ政府を承認していないことにもとづき、現在の国際関係をも考慮し、貿易拡大の目的が達成せられるよう支持と協力を与える。

愛知官房長官　談話要旨を発表

協定問題政府回答を補足する内容

第四次日中貿易協定にたいする政府の意見表明は、四月九日三団体代表にたいする文書回答によつてなされたが、愛知官房長官は、同日午后、記者会見を行い、政府回答に対する補足説明ともみられる談話要旨（別項）を発表した。

この談話は、文書による政府回答の真意を表明したものとして、重大視されている。関係団体の中では、この談話をめぐつて、二つの見解が生れている。すなわち回答と談話は別個のものであり、〃談話〃はわれわれの関知しないところだ、そして政府回答の〃支持と協力〃に信頼を寄せる見解と、他方、回答と談話は不可分のものであつて、愛知談話は、台湾との〃共同声明〃にほかならない。このことによつて、政府は第四次協定の実施に困難な条件をつけ、民間での話し合いによつて一致した規定を無効にしようとするものであるとする見解である。

後者の見解は、政府回答が真意をかくす巧妙なオブラートであり、愛知談話は、それを台湾が誤解しないようにと、の考慮からなされたものであるとみて、政府回答に対する注意深い検討をよびかけている。

いずれにしても、〃政府回答〃ののちに出された〃愛知談話〃にたいする各方面の不評と批判は覆い難いものがある。

四月九日午后発表された愛知官房長官談話要旨（発表されたものの全文）はつぎのとうりである。

愛知官房長官談話要旨

政府としては、我方民間貿易三団体の代表者と中共側の民間貿易団体の代表者との間に三月五日作成された第四次の民間貿易取りきめは、日中双方がそれぞれ相手側の内政に干渉せず、それぞれの国内諸法令を遵守することを旨とし、日中双方の経済的要請にもとづき、専らその貿易を拡大せんとする趣旨に出たものと了解する。

このとりきめは、双方の民間団体間のものであり、政府間のものではないが、政府としては、彼我の貿易拡大を期する精神は尊重したい。政府としては、現在中共を承認する意向なきこと言を俟たぬところであり、この民間とりきめにより設置される民間通

三

商代表部に対し、特権的な公的地位を認める所存はないが、このとりきめの民間団体による取扱いにかんしては、我国と中華民国との関係その他国際関係を尊重し、通商代表部の設置が事実上の承認ではないかという誤解を起さしめないよう配慮するとともに国内諸法令の定める範囲内において、支持と協力を与える所存である。

なお、日本政府としては、中共を承認していないから、中共のいわゆる国旗を民間通商代表部にかゝげることを権利として認めることが出来ないことは当然である。

◎南漢宸主席の回答（全文）

十三日、三団体宛の電報回答

十三日の北京発新華社電によれば、中国国際貿易促進委員会の南漢宸主席は十三日、日本日中貿易促進議員連盟の池田正之輔代表理事、日本国際貿易促進協会の山本熊一会長、日中輸出入組合の南郷三郎理事長に電報をおくり、日本政府が才四次中日貿易協定を破壊する意図をもっていることを非難するとともに、中国側は才四次中日貿易協定に対する日本政府の回答を受入れることを断固として拒否する旨声明し、日本政府の設けた障碍が取除かれないうちは、才四次協定は実施できないことを明らかにした。電報の全文つぎのとおり。

九日付来電受取りました。わが方は日本政府が才四次日中貿易協定に関してなした回答を研究致しました。この回答は、日本政府が才四次日中貿易協定の実施について、しかるべきいかなる明確な保証をも提起していないばかりでなく、破壊を行う意向をもつていることを表明しております。

わが方はこの回答を受取ることを断乎として拒絶し、航空便で送られてくる回答正文はそのまま返送致します。

日本政府の回答は極力美辞麗句を用いてはいるけれども、才四次日中貿易協定を覆えそうとする目的をおおいかくすことは出来ません。

愛知揆一氏が日本政府を代表して四月九日発表した談話は、更にこの目的をはっきり表しております。

㈠ 日本政府は回答の中で才四次日中貿易協定の精神を尊重することを述べております。愛知揆一氏も談話の中で、日本政府は「双方の貿易の拡大をはかる精神を尊重するつもりである」と述べています。

ところで日本政府が実際に尊重しているのはどのような「精神」でありましようか。才四次日中貿易協定のもつとも主要な精神は友好であり、日中貿易の発展を通じて日中両国人民の友誼を深めることであります。しかし愛知揆一氏の談話の中で、日本政府は中華人民共和国を承認する意志なく、日本政府は台湾の蒋介石グループとの関係を尊重することを逆に強調しております。

これは六億の中国人民をあくまで敵とするもので、まるで友好精神などと言えたものではありません。

才四次日中貿易協定とこの協定の不可分の一部としての覚書は、平等互恵と相互尊重の精神に貫かれております。しかし愛知揆一氏は、日本政府がわが方の通商代表部の「外交官特権の地位を具有すること」を認めないとし、これを口実に、貴我双方の対等の原則に基いて覚書の中で定められた各項の規定をわが方に適用させないよう準備していることを表明しております。

愛知揆一氏は更に、日本政府はわが方の通商代表部が本国国旗掲揚の権利を有することを認めないと公然と声明しております。

これは一方的に協定をこわすものであり、平等互恵と相互尊重の精神と豪も一致するものではありません。あくまで中国人民を敵にまわし、また平等互恵の原則を遵守していない以上、日本政府のいわゆる「貿易拡大」は、中国に対し不平等非互恵の経済拡張を企んでいる以外に、なお如何なる意味を持ちうるでしようか？事実がはつきり示しているように日本政府は才四次日中貿易協定の精神を尊重したのではなく、かえつて破壊したのであり、この協定の基本原則を尊重したのではなく、かえつて蹂躙したのであります。

(二) 日本政府回答の中で、才四次日中貿易協定のいわゆる「支持と協力」に対しては、三つの前提条件があることを表明しております。

才一の前提条件は「国内法令の範囲内で」であります。

一九五八年三月五日、貴我双方は才四次日貿易協定の実施に関する打合せの中で、中国と日本とはともにバンドン会議に参加した国家であり、バンドン会議において通過した十項目の原則に対じてはすべてこれを尊重、遵守し実行する義務があり、双方が互いに派遣する通商代表部の人員は、すべて駐在国の法律と風俗、習慣を尊重すべきであることに意見一致し、同意しております。

これは当然のことで全然問題とならないことであります。

現在問題となつていることは、双方の政府が才四次日中貿易協定の実施に対してどのような態度をとるかということで、国内法で保証するか、それとも「国内法」を口実にして妨害と破壊を加えるかということであります。

日本政府が「国内法」を一種の制限的な条件としてもち出したことは明らかにあとのほうの態度をとつております。

五

国旗掲揚問題において、われわれはすでに日本政府がいかに狡猾に「国内法」を利用し、口実にしているかがわかりました。日本政府の関係方面は、日本の刑法才九十二条の外国国旗損毀に関する懲罰規定は、中華人民共和国に適用されないことを早くから表明しております

岸信介は四月九日の国会で質問に答えたときも、中華人民共和国の国旗を損毀する行為は個人の財産に損害を与えた場合の刑法規定に基いて処理することが出来るだけであると述べております。

同じ「国内法」で適用するものと適用しないものがあるわけで、その目的はわが方の通商代表部に本国国旗を掲揚させないようにすることにあります。

日本政府が同じように「国内法」を口実として、わが方の通商代表部及び所属人員が安全保証と業務上の便宜が得られないようなことが起らないと誰が保証出来るでしょうか？　日本政府が同じく「国内法」を口実として、わが方の通商代表部の人員と彼等の家族の指紋を強制的に採るようなことはないと誰が保証出来るでしょうか？　日本政府がいつでも「国内法」を口実として、才四次日中貿易協定の一切の規定をくつがえし得る状態下にあって、この協定はいかにして実施出来るでありましょうか？

(三)　日本政府が提起している才二の前提条件は「政府を承認していないことに基いて」であります。

日中両国間の戦争状態は現在に至るもまだ終結しておらず、日中両国の外交関係が現在に至るも回復していないことは周知のことであります。このような状況は、日本政府が米国に追随し、中国を敵視する政策を取っていることからつくり出されたものであって、日中両国人民の友好を求め、国交回復を要求する願いとは完全に相容れないものであります。才四次日中貿易協定は双方の民間団体間の協定であって、全然日中両国の相互承認の問題とはかかわりないことであります。日本政府は才四次日中貿易協定の実施に対して然るべき保証をなさず、かえっていわゆる「政府を承認していないことに基いて」と言う無関係な前提条件を出していることは明らかに別の意図があってのことであります。

周知の通り、日本政府の回答は蒋介石グループと何回にもわたる秘密の会談を行ったのちに出されたものであり、しかもその回答は蒋介石グループから大いに賞賛されております。このことから、日本政府の出した「政府を承認していないことに基いて」ということは、実際には蒋介石グループの気嫌を伺うためのものであることがわかります。

愛知揆一氏の日本政府を代表して発表した談話が証明しているように「政府を承認していないことに基いて」ということは、日

本政府が第四次日中貿易協定をくつがえすためのもう一つの口実にすぎません。

愛知揆一氏は、日本政府は中華人民共和国を承認していないので、かが方の通商代表部が「外交官特権の地位を具有すること」を認めず、またわが方の通商代表部が本国の国旗をかかげる権利をもつことも認めないと述べております。

いわゆる「外交官特権の地位」については、これはまったくの捏造でありその目的はこれを口実として第四次日中貿易協定中の、双方の通商代表部とその所属人員の安全を保証し、業務上の便宜を与える規定をくつがえそうと企てるもののほかにありません。

日中両国の民間団体ならびに商品展覧会が相手国で本国の国旗をかかげることにつき、過去、国交が回復していないからといって一度も不便を感じたことはありません。

双方が国旗をかかげるのは、当然自分の国家を代表するものであって国旗が私有財産だというのは、これまで聞いたこともない珍奇談であり、日本政府が国旗掲揚の問題の上で設けた一連の口実はその目的と同じように第四次日中貿易協定中の関係規定をくつがえすためのものであります。

日本の政府が蒋介石グループの気嫌をとるため第四次日中貿易協定の破壊を惜しまないことはまったくあきらかであります。

(四)

日本政府の第三の前提条件は「現在の国際情勢を考慮して」であります。

もし日本政府が第四次日中貿易協定に関する問題において現在の日本の国際関係を考慮する必要ありとすれば、まず日本と中国の関係を考慮すべきであります。すなわちいかにして第四次日中貿易協定の順調な実施を保証して日中両国人民の友好を強化し、日中国交回復の道を切り開くかを考慮すべきであります。

しかしながら日本政府は一再ならず表明しているように、この方面におけるいかなる考慮も払う意志をもっておらず、また中国人民を敵と見なしております。

日本政府のいわゆる「現在の国際情勢を考慮して」ということは、主として日本と米国との関係を指していることはあきらかであります。米国政府は一貫して日中貿易の発展を妨害し破壊しようとしています。

第四次日中貿易協定が調印されて以来、米国政府は自ら日本政府に圧力を加え、乱暴な干渉を行ったばかりでなく、蒋介石グループをそそのかして日本政府に対し脅迫的措置をとらせました。このような状況のもとで、日本政府が「国際関係」を「考慮」しなければならないといっているのは、実際上米国政府の意志に屈従することを意味するだけであります。このような有様で、第四次日中貿易協定の実施はどのようにして保証が得られるでしょう。日本政府の考慮するという「国際関係」は、当然のことながら別の内容をも含んでおります。かなり以前から日本政府は米国の力に依存して「大東亜共栄圏」の計画をよみがえらせたいと望んでいます。もし日本政府が第四次日中貿易協定をそのような経済拡張計画に奉仕させようと企てるならば、それは第四次日中貿易協定を破壊しつくし根本的にも実施できないようにしてしまうでしょう。

㈤ したがって日本政府の出した三つの前提条件からして、第四次日中貿易協定に対するいわゆる「支持と協力」は実際上この協定を実施することをできないようにするものであると見ることができます。日本の人民が第四次日中貿易協定を熱烈に歓迎し、しかも日本の国会の選挙が間近に迫ってきているからこそ日本政府はその回答の中で「支持と協力」といういつわりの言葉を用い、本当の意図を敢えて公開しないのであります。

㈥ 日本政府は露骨に中国人民を敵視し、第四次日中貿易協定を極力破壊しようとしておりながら、出された回答の最後においてはなおも「貿易拡大の目的が達成せられるよう」とのべております。

日本政府は屈辱と不平等な条件のもとで、中国はどうしても日本と貿易をやらざるを得ないのだと考えているようであります。米国政府は日本政府を含め多くの国の政府をよせ集め中国に対して禁輸を実行しましたが、中国を扼殺しようとする目的は達成できず、また永久に達成できないでしょう。このことを日本政府はよく記憶しておくべきであります。

新中国はすでに強く大きく成長し、かつ現在も飛躍的な速度で発展しております。こんにちの中国はもはや二十年前の中国ではありません。日本政府はこの現実をすみやかに直視すべきでありましょう。われわれは第四次日中貿易協定に対し、一貫して積極的な態度をとり、交渉のさいにも最大限度の譲歩を致しました。貴方もこの協定の調印のためにきわめて大きな努力を払われ、日本人民もまたこの協定にたいし非常に大きな希望を寄せています。

しかしわれわれは、日本政府が設けた障害が除去されないかぎり、この協定を実施することができないことを、卒直に指摘しないわけにはいきません。

◎ 十五日の北京人民日報社説

十五日朝の北京放送によれば、北京人民日報は同日、第四次日中貿易協定に対する日本政府の回答を非難する次のような社説を発表している。

△ 岸首相が九日行った才四次日中貿易協定に対する回答と、愛知官房長官の談話は、才四次協定を破壊しようとする日本政府の本来の面目をはっきりと暴露した。

△ 才四次協定は日中両国間の貿易の発展をより一層促進し、両国人民のよしみを強めるためのものであり、平等互恵の原則にもとづいて調節されたものである。ところが岸首相の回答には、平等互恵や両国人民の友好を強化しようとする希望は一言半句ものべられていない。それどころか中国人民に敵意をいだき、日中貿易で一もうけしようと企んでいるのである。ここからわれわれは容易に帝国主義の血なまぐさいにおいをかぎとることができる。

△ 日本が侵略戦争を進めたさい、岸首相は老練な帝国主義政策の実施者であった。現在岸内閣は米国の戦争準備政策に追従し、積極的に再軍備を行い、日本人民が強く反対している核兵器産業をおこし、そこから大きな利潤をあげようとしている。岸内閣は日本の奇形に発達した工業のために市場を求め、独占資本の対外的拡張のため道を切り開こうとし、また「東南アジア開発資金」、「アジア市場」などを看板として、ふたたび、「大東亜共栄圏」をつくりあげようとし、国内では憲法改悪を行い、平和民主勢力の弾圧を準備し、軍国主義教育を復活させ、教育に対する制限を強化しようとしている。これからの人びとは潜在した帝国主義の暗流が日本に流れていることを感じさせられている。岸内閣は、これら潜在的な軍備拡張の立場に立って、中国人民に一貫した敵対的態度をとっているが、これはけっして不思議なことではない。日中貿易の面からみれば、岸内閣は成立以来一貫してこれを妨害し破壊しようとしてきた。

△ 日本は目下重大な景気後退に直面している。これまで岸首相は米国にお追従笑いをふりまき、「日米親善」をとなえてきたが、米国政府は日貨排斥をなんの容赦もなく行い、昨年日本の対米輸入は七億ドルの入超となった。現在米国の景気後退にともない、日本の対米輸出は困難になったばかりでなく、排斥をうけている。また米国の景気後退はその他の資本主義諸国に大きな影響を与えているが、日本にとっても例外ではない。岸首相と与党は今年行われる総選挙で票を集めるため、民心から離れることを恐れ、表面上才四次貿易に支持を表明せざるを得なかったのである。とはいってもかれの本心は中国人民を敵視し、米帝国主義さ蒋介石グループと同じ立場に立つものであり、一旦時機が来れば公然と中国人民を敵視する真の面目をむき出し、その反動的な立場を明らかにするにちがいない。岸内閣はこうした両面的、三面的なやり方をとり、日本語でいう「八方美人」をきめこんで、

米国にへつらい、蒋介石の気嫌をとり、中国人民の耳目をくらまし、一方的な利益を得ようとしているが、その目論見ははずれている。今日すべての帝国主義は没落に向っており、岸内閣が両面的、三面的なやり方をとり、潜在的帝国主義の野心をとげようとしても、これは成功しないし、中国以外のアジア諸国人民も岸内閣の真の面目をはっきり見ぬき、日本を孤立に追いやるだけである。

△中国人民は日本人民と友好的につきあい、両国貿易が発展することを望んでいる。現在起っている問題は、岸内閣の中国を敵視し、協定を破壊しようとしている態度にあるのである。

日中貿易の正しい道は平等互恵の原則にもとづき、相互信頼、相互尊重、友好的往来の基礎のうえに打ちたてられなければならない。中国人民に露骨な敵対的な態度をとりながら、また一方日中貿易で一もうけしようとしても、それは絶対できないことである。

△日本の各界の人びとと進歩的諸党派は、岸内閣の才四次協定破壊の行為を非難している。われわれは日本人民のこのような感情と態度を十分に理解している。われわれは日本人民が引続き努力し、妨害をつき破って、日中貿易を平等互恵、人民友好の道に発展させてゆくことを確信している。

◎北京放送、国旗引下し事件で非難

（ＲＰ＝東京）六日夜の北京放送は去る二日長崎で起った中国国旗引下し事件についてはじめて論評を加え次のようにのべた。

一、東京からの報道によると蒋介石グループと結託している岸内閣が公然たるそそのかしによって日本の暴徒二人が去る二日長崎市中国切手印紙展覧会会場に掲げられていた中華人民共和国の国旗を引下した。しかも岸内閣はこの二名の暴徒をすぐ釈放した。岸内閣が国際法規を無視し、暴徒をそそのかして中華人民共和国の国家の尊厳を傷つけさせたこの野蛮な行為は岸内閣か米国と蒋介石グループに屈従し才四次中日貿易協定を破壊したのに続いて中国人民にたいしていっそうはげしい敵対行為に出たものである。

一、日本の外務省に「この事件に日本の刑法才九十二条を適用しない。この二人の暴徒を刑法にもとづいて外国の国旗を傷つけたという罪で処罰することはないだろう」と公然とのべている。事実か示しているようにこの二名の暴徒の行為は岸内閣か蒋介石グループに屈服し中国人民を敵視している行為の一部分である。

一、岸内閣は米国と蔣介石グループに屈服し、公然と才四次中日貿易協定を破壊したとき「日本は中国通商代表部の国旗を掲げる権利を認めない」と声明し、しかも外国の国旗を傷つける行為にたいする日本刑法才九十二条の規定は中華人民共和国に適用しない」と声明した。今度日本の暴徒が中国の国旗を侮辱した事件と日本当局がこの二名の暴徒を釈放したことは当時すでに岸内閣が中国の国旗を侮辱する行為を公然とそそのかすつもりであつたことを証明している。

一、中国の国旗を傷つけた今度の事件は岸内閣が蔣介石グループと結託して画策した中国人民を敵視する陰謀の産物にほかならない。

（日本語、中国語）

◎ 日本漁船の中国側禁漁区侵入事件ひん発

（ＲＰ＝東京）六日夜の北京放送は「春になつて以来東中国海の海上において日本漁船が中日漁業協定に違反して中国側禁漁区に侵入し、中国の漁業生産合作社の漁船、漁具を破壊し、漁民を溺死させた重大な協定破壊事件が相ついで発生し、そのため中国漁民は莫大な損害をこうむり、沿海漁民の漁業生産をはなはだしく破壊し、これに影響をあたえている。」として次のように報じた。

一、三月十五日から五月一日までに日本漁船百七十余隻がわが禁漁区に侵入し協定を破壊した事件は十三回の多きに達している。

一、三月十五日と十六日に日本漁船は洋岐付近に侵入し、温嶺県東升、新洋などの漁業合作社の釣具一千三百三十籠を持ち去り、わが漁船二隻に衝突して破損させた。

一、三月二十四日と二十五日には洋鞍海上の将軍帽東南方六、七浬に日本漁船十数隻が侵入し嵊泗県の大洋および金清両漁業合作社の漁網各一をこわし、かつワイヤーロープでわが漁船をしばつて逃走を企てたが、幸にしてわが漁民はこれを切断して危険を脱した。

一、四月九日日本漁船昌和丸はわが玉環県披山付近に侵入して漁網の一部を破損させた。

一、四月十六日日本漁船日興九五号は玉環県披山付近わが鷄東漁業合作社の魚を捕える籠十余個を持ち去り、さらに五月一日午前十一時半玉環県披山付近で日本漁船有明丸一五五号、美島丸など八隻は中国側禁漁区に侵入して漁を行い、ロープ三百余籠を持ち去つた。そのうち有明丸はわが小型漁船に横から衝突させ、そのため坎門鎮民主漁業社陳細銀の漁船は破壊され社員徐順来は船から落ちて溺死した。

事件発生の経過は日本側の行為の性質が漁業協定を公然と破壊していることを充分立証している。

一、日本の多数の漁船が禁漁区に侵入して中国側の小さな漁船隊に衝突し、漁民の漁船、漁具を破壊し、また板やゴム靴を用いてわが漁民を侮辱し殴打している。日本の漁船は禁漁区に侵入したとき、あるものは船の記号をかくし、あるものは夜間ひそかに中国の海岸近くで活動し、また望遠鏡を用いて中国の海岸の状況を偵察したり写真を撮影している。

事件発生当時中国側の関係筋では生産指導船を派遣して中日漁業協定書を携行させて交渉したが、日本側の態度は横暴で全然相手にしなかつた。

◎ 陳毅中国外交部長の談話

（ANS＝東京）九日夜の北京発新華社電によれば、中国の陳毅副総理兼外交部長は同日、当面の日中関係について談話を発表した。同談話の全文次の通り。

最近、日本の岸首相は米国および蒋介石グループにおもねるため中日貿易協定を公然と破壊し、中国に悪意と侮辱的な攻撃を行つているが、中国人民はこうした挑発行為に対してきわめて大きな怒りを感じないわけにはいかない。岸内閣が長崎で中国国旗を侮辱した暴徒を容認している事件は、中国を敵視する岸内閣の態度がすでに我慢できないところまで来ていることをものがたつている。

中国人民は日本国民と友好共存することを願つており、かつ終始中日友好の促進に努めてきた。したがつて、たとえ日本政府が米国の意図に従い、また中日両国の戦争状態が未終結のままでも、両国人民はたえざる努力によつて依然両国間の経済、文化および友好的な連がりをここ数年らい非常に大きく発展させてきた。両国の民間団体と半官団体は四十余項目の協定に調印し、両国人民の友好関係の促進にとつて著しい役割を果した。中国政府は中日両国人民の友好活動と民間協定に対して終始積極的な支持を与えてきた。われわれのこのような態度は日本の広はんな国民の歓迎をうけている。しかし岸内閣は、これと反対に終始わが国を敵視し、善意にそむく態度を持ちつづけ、中国の好意を弱いあなどり得るあらわれであると誤つて見ている。岸信介氏は、一方では中日貿易を拡大したいと表明し、これによつて中国から経済的な実益をつかみ取ろうと考えている。だが他方では、中日貿易協定を乱暴に破壊し、長崎で暴徒を放任して中国国旗を侮辱し、自ら先頭に立つて中国を中傷し、攻撃する一連の長つたらしい言論を発表してきた。岸信介氏のこうした気狂いじみた態度はそのかくされた帝国主義的な姿を徹底的に暴露した。今日、中国人民はすでに立上り、岸内閣が帝国主義的な態度で再び中国に向うということは、もはや通用しないばかりか必ず自分の足をも打つようになるであろう。

岸氏の一派は口ぐちに、かれらの立場は「貿易と政治を切離すものである」といつているが、日中貿易問題についてのべるときは、いつもいそいで、自分らは「中国を承認しない」とつけたし、中日貿易を蔣介石グループとの関係その他の国際関係（実際は米国との関係をさす）に結びつけて考慮しなければならないともいう。

これによつてわかるように、かれらが反対なのは中日貿易が中日両国人民の友情を結びつけることであり、かれらの必要なのは米国におもね、蔣介石グループと結托し、中国を敵視するかれらの政策に、中日貿易を奉仕させることである。これこそ人に云えない貿易と政治を切りはなすべきであるとわめいているかれらの目的なのである。かれらのこのような立場は、中国人民の断固として反対するところである。中国の国旗を侮辱した長崎事件は、岸内閣が直接容認し、その庇護のもとにつくりだされたものである。これらの言動は中華人民共和国に対する侮辱であり、六億中国人民に対する故意の挑発であり、これによつて生ずる一切の結果に対し、完全に責任を負わなければならない。岸信介氏は貿易協定を破壊し、中日貿易を無協定状態においても、両国は貿易の発展に支障をきたすことにならないと云つている。岸信介氏は、中国は日本と通商しなければやつていけず、一方貿易協定がない方が日本独占グループの意志を中国に押つけるのに便利だと考えている。しかし、岸信介氏は、総ての帝国主義を追いだし独立した強大な新中国が、他人の言いなりに絶対ならないということを一体考えているのだろうか。新中国は如何なる帝国主義をも頼りにしていない。米国政府は日本をも含めた多くの国の政府を糾合し、中国に対し禁輸を実行したが、新中国を圧倒できなかつた。岸信介氏は、いま飛躍的速度で発展している新中国が岸信介氏の考えどおり日本と通商しなければやつてゆけないと、まさか本気で考えているのだろうか。これはまつたく、痴人の夢物語りである。

岸内閣が米国と蔣介石グループにおもねるために中日貿易を破壊し、中国を侮辱し、六億中国人民を敵とすることは決して日本国民に何んの利益をももたらさない。それどころか、日本をより不幸な道に追いやるだけである。岸信介氏のこうした態度は日本国民の願いを代表するものでないことをわれわれは知つている。日本社会党は「二つの中国を認めない立場に立ち中華人民共和国と国交を回復する」ことを主張している。自民党内部でさえ無暗にわが国を敵視する岸信介氏の政策に同意しない人がいる。日本国民と一諸になつて、中国敵視の政策を放棄するか、それとも、一図に米国に追随しあくまで中国敵視の政策を続けるのか、岸信介氏は自からこれを選択しなければならない。岸信介氏があくまで新中国を敵視する決心であるならば、彼は必ず自業自得のうきめをみるだろう。中日両国人民の友情は打破られない。両国人民の友情は、どのような妨害・破壊にあつても、ついにはあらゆる障害を排除したえず発展していくものとわれわれは信ずる。

本田日本新聞協会会長宛

鄧拓中国新聞工作者協会会長からの電文（四月九日受信）

貴会二十日の電報受取りました。新華社記者丁拓、呉学文両氏は五月中旬日本に赴くように準備しておりますので、期日通り彼等の入国手続を処理して下さるようお願い致します。

本年一月丁、呉両氏が東京で貴会と話し合つた際、記者交換問題については協議が成立しましたが、交換する人数の問題はまだ解決しておりません。ですからわれわれは丁、呉氏を新華社の常駐記者として日本に派遣し、彼等に中華全国新聞工作者協会の代表として貴会と話し合いを継続する権利を与えました。

どうか相互信頼の精神によりまして双方が更に多くの記者を入国させられる方法を見つけ出して下さるよう希望致します。丁、呉両氏の入国と同時にわれわれは二名の日本記者が中国に常駐することに協力致します。

御返事お待ち申しております。

中華全国新聞工作者協会会長

鄧　拓

四月九日

供覧	担当課長	総務課長	主管部長	局次長	局長
様式No.8	国際 33.4.10 笠置	総務 33.4.10 森		33.4.11 江尻	

SHIMBASHI LTD APR. 9. 1959 K.D.D. JAPAN

日本新聞協会
本田親男先生

No. 866

CY577/WTD2038
ZJ269 PEKING 233 9 2107

2639 0079 2480 3024 6253 0361 0954 1579 2398 2585
東 京 日 比 谷 公 園 市 政 会
7419 2480 2609 2450 5113 0588 2585 2609 3944 6024
館 日 本 新 聞 協 会 本 田 親
3948 0341 3932 9980 TOKYO
男 先 生 ：
6311 2585 6310 2168 2480 7193 2392 1885 2450 5478
貴 会 貳 拾 日 電 收 悉 新 華
4357 6068 5074 0002 2148 0702 1331 2429 0357 0341
社 記 者 丁 拓 吳 学 文 兩 先
3932 0402 0271 2456 0124
生 準 備 於 伍

CT TOKYO

P2

2588 0022 2484 6384 2480
月 中 旬 赴 日
6153 2174 2601 3634 0100 0226 6586 3810 0354 1064
請 按 期 為 他 們 辦 理 入 境
2087 4958 9999 0093 1628 0001 2588 0002 0702 0357
手 続 ×× 今 年 一 月 丁 吳 兩
0341 3932 0961 2639 0079 0735 6311 2585 0794 6151
先 生 在 東 京 和 貴 会 商 談
7173 1571 1432 7175 2455 0074 2255 6068 5074 0795
雖 已 就 雙 方 交 換 記 者 問
7344 0648 1779 0588 6231
題 取 得 協 議

P3

0141 7175 2455 0074 2255
伯 催 方 交 換

4104 0086 2422 0795 7344 1424 2607 6043 3082 0936
鈞 人 数 問 題 尚 未 解 決 因

2974 2053 0226 3175 6680 0002 0702 0155 3634 2450
此 我 們 派 遣 丁 吴 作 為 新

5478 4357 1603 7465 6068 5074 0637 2480 2609 0100
華 社 常 駐 記 者 去 日 本 使

0226 0649 2938 0108 5903 0022 5478 0356 0948 2450
們 受 權 代 表 中 華 全 口 新

5113 1562 0155 5074 0588
聞 工 作 者 協

P4

2585 0735 6311 2585 4949
会 秘 書 会 継

4958 0588 0794 1585 2598 7175 2455 2609 4192 0062
續 協 商 [illegible] 本 [illegible] 互

[illegible]1 0207 0117 4104 4737 [illegible] 5268 65[illegible] 3127
[illegible] 致 [illegible]

[illegible]175 2455 67[illegible] 1122 41[illegible]4 6068
多 [illegible]

[illegible]4 1064 41[illegible]
境

[illegible]467 0171 0022 0948 1603 7465 0230
前 来 日 本 常 駐 候

5478 0356 0948 2450 5113 1562 0155
華 全 口 新 聞 工 作

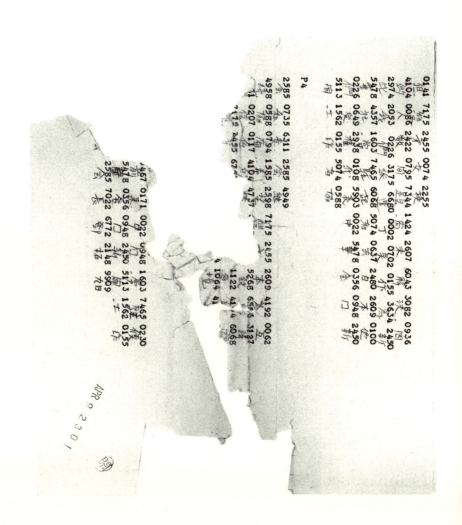

2585 7022 6772 2148 9909
会 長 劉 拓 九日

1

中華全国新聞工作者協会会長　鄧拓氏宛

四月九日付の貴電に新華社記者丁拓、呉学文の両氏が五月中旬に日本へ入国を希望しているとのことでありましたので、当協会ではなるべくその希望に沿いうるよう政府当局と折衝してまいりましたが、

→ 3月16日　J.呉両名を　交渉のため派遣したい

← 3月20日　交渉の必要ない。5月中旬に来い。

→ 4月9日　5月中旬に行きたい。交渉のためだ。

交渉のために入国させることを認めるかどうか。
こちらから　2名でよいか!
~~こちらから行く~~　2名をどうするか
とすれば　その2名

日中国交回復署名運動開始についての協力御依頼

御啓　時下益々御盛栄のことと拝察致します。

昨年末、中国紅十字会代表団李徳全女史一行の来日に当りましては、種々御協力を得ましたことを厚く御礼申し上げます。お蔭で代表団一行は十分訪日の目的を達成され、両国民の親善関係は一層深まりました。

両国民の親善関係が進む反面、両国の間に正常な外交関係が樹立していないことは貿易・漁業・文化・学術などの交流、往来の自由に非常に大きな障害となつております。

我々はこゝに両国の国交回復を要求する国民の総意を結集し、政府が一日も早く国交回復の措置をとり、国民の期待にこたえるよう、署名運動を全国的に展開することをきめました。

一人一人の署名が、国を動かす力として結集したいと考えます。

貴台がこの趣旨に御賛同下され、署名運動開始にあたつての御署名をお願いし、併せて物心両面にわたる御支援・御協力を賜わりますよう御願い申し上げます。

一九五八年三月

日中国交回復国民会議
理事長　風見　章

殿

記

一、御意見は、本会議機関紙「日中国交回復ニュース」に掲載し、世論喚起をはかつてゆきたいと思います。

一、署名運動協力資金は一口（二百円）となつております。
一、同封の封筒にて御送金下されば幸甚かと存じます。

---------- 切　取　線 ----------

御住所

御氏名

職業（又は役職名）

一、日中国交回復運動についての私の期待と意見

一、日中国交回復署名運動の趣旨に賛同し、運動協力資金として　　口（一口二百円）　　円を同封送金いたします。

一九五八年　　月　　日

日中国交回復国民会議　御中

氏名	住所	金額

K0071

日中国交回復署名簿

国民の力で日·中国交回復実現

仲よく経済·文化·学術の交流を

一口一円(以上)で日中国交回復を!

№ 075108

日中国交回復国民会議

東京都千代田区永田町2の12
衆議院常任委員会庁舎内
電話(58)0236(代表)(内線4479.4480)

人数	
金額	

取扱団体
(個　人)

日中国交回復署名運動趣意

中華人民共和国との国交を回復することは、わが国民すべての願いです。

中国を承認し、両国の間に国交を回復し、平和と友好を基礎として、貿易の拡大、工業、農業、漁業、学術、文化などの交流、自由な往来をはかることは、両国の発展とアジアの平和に寄与することは勿論、われわれ日本国民の利益であります。今日、六億の人民が支持する中国を無視し、台湾政権を中国の正統政府と認めていることとは全く筋の通らないことであり、中国の国連における代表権も当然すみやかに回復さるべきものであります。

ここに日中国交回復署名運動を呼びかけ、国民の総意を結集し、政府がすみやかに国交回復の措置をとるよう国民運動をもり上げたいと思います。

地域・職域を問わず、すべての人がこの運動に参加されることを訴えます。

署名項目

一、わたくしたちは、すみやかに中華人民共和国と国交を回復するよう政府に要望します。

取扱い団体への依頼

一、**署名目標**＝この署名運動は国民大多数の署名を目標とし、日中国交回復実現まで続け、国民の総意を結集し、政府・国会に実現を要請します。署名の中間集計、ならびにそれに基づく活動は、取扱団体協議会、全国代表者会議、全国総会で行います。署名の第一期小計は五月末日とし、第一期の集計は九月末日に行います。

二、**募金**＝募金は一人一円以上の任意カンパとし、その配分については、中央・地方の国交回復運動の資金とし、その割当ては、中央五割・地方五割とします。地方では県単位の国交回復組織、もしくは署名協議会によって割当てをきめ、中央は一括して国民会議が当り、各中央取扱団体と協議して進めます。地方に国交回復組織が発足するまでの署名は、募金額五割を添えて取扱い中央団体、もしくは国民会議にお送り下さい。

三、**署名項目**＝地方の特殊性によって、適切な副署名項目を附加されるよう希望します。

四、**署名簿**にはナンバーがうつてありますから、取扱いの責任を明示して、署名簿ごとに人数と金額を御記入下さい。

K0071

氏名	住所	金額

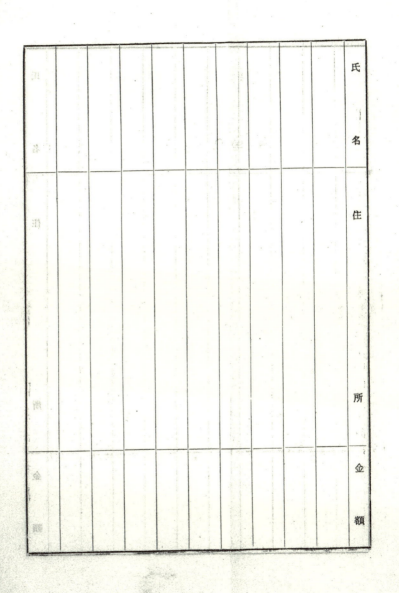

供覧	担当課長	総務課長	主管部長	局次	局長
様式No.8	国際 33.5.2 笠置	33.5.2			

No. 905

LETTER TELEGRAM
8 時配達

SHIMBASHI I.T.O.
MAY. 1. 1958
K.D.D.
JAPAN

CY749/WTB1408

ZJ270 WN1 PEKING 46 1 0039

LT 1579 2398 2585 5290 2480 2609 2450 5113 0588
市 政 会 館 日 本 新 聞 協
2585 2609 3944 6024 3948 2585 7022 TOKYO
会 本 田 親 男 会 長
0961 0948 7139 0525 0520 4634 4376 2480 2609 0086
在 国 際 労 動 節 祝 日 本 人
3046 0961 3630 0648 0735 1627 4104 0057 0673 0022
民 在 争 取 和 平 的 事 业 中
3752 1779 2052 1432
獲 得 成 就
0342 24994 2480 1032
光 日 報

MAY 1 0837

CFM LTT TOKYO

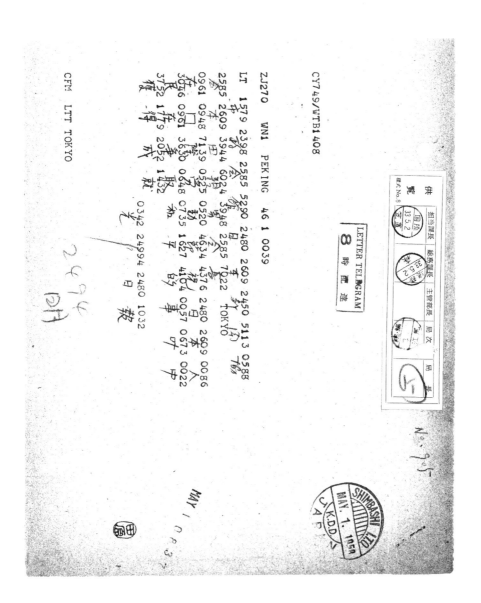

2494
明

（　　）

市政会館 日本新聞協会
本田親男 会長 殿

国際労働節に際し、日本人民が平和を勝ち
とる仕事に協力してあたり、その獲得に成功
されんことを祈る。

光明日報

広報　国際　編集

関係保存

日中両民族の伝統的友好関係の危機に直面し国民の皆さまに訴える

日中関係の現状はまことに憂慮にたえないものがあります。

才四次日中貿易協定実施の行詰りによる貿易の杜絶状態、長崎で起つた中国国旗引下し事件、中国近海漁業でのわが漁民一部のものの非行など、日中関係にはいぜん暗い影が投げかけられています。いうまでもなく、日中両民族は不幸な戦争の影響を未だに残し、国交が回復していない状態にあるとはいえ、国民の大部分は両民族悠久の友好関係を回復することを切望し、そのために今日まであらゆる分野で日中関係の改善のために孜々営々あらゆる困難とたたかいながら不断の努力をつづけて参りました。千数百年にわたる友好親善の関係が最近十数年間の障害によつて破られてよいわけはなく、また破られるとは思われません。しかもここ数年の間に日中両国の国民大衆は経済的にも文化的にも交流を深めて、親善関係を回復して参りました。日本経済の自立は、中国との通商貿易を措いては期待されず、したがつて、日本の真の独立は中国との国交回復なしには望むことができません。

私どもは、わが国民の大部分が私どもと同じ気持で現在の不幸な事態を憂慮しておられるものと信じます。事態はいまやしばらくの猶余をも許さぬ状況にあります。

私どもは、わが国各界の同憂の方々が私どもの訴えを支持され、日中友好、両国国交正常化への歩みを常態に戻すためあらゆる分野で創意を発揮され、力を合せて下さることを心からねがい、かつ、それを確信します。私どもも微力ながら、この重大な国民的課題のために全力を尽す覚悟です。

不幸な戦争の傷あとは日中両民族の一人ひとりの心の中にいまだに残つています。この傷あとはそれぞれのまごころと熱情とをもつて、一つひとつ消してゆく以外に道はありません。重ねて皆さまの御支持を心から訴えます。

一九五八年五月十三日

内山完造　東京都世田谷区千歳船橋二二二番地
小畑忠良　大阪府豊中市上津島三一一番地
下中彌三郎　東京都大田区久ヶ原五七九番地
末川博　京都市左京区岡崎東福の川町一〇番地
鈴木一雄　東京都大田区田園調布三丁目二〇番地
中島健蔵　東京都中野区野方町二丁目一一六五番地
平塚らいてう　東京都世田谷区成城町三六四番地
（五十音順）

笠置 正明 様

漸く暑さもきびしくなつてまいりましたがお変りなく御清適のことと存じます。

さて、先きに「日中記者交換促進懇談会」より、日中両国の記者交換の問題についての経過を御報告申しあげると共に、その促進方についての御意見を伺いましたところ、別記の如く多数の方々より御賛同の回答があり、具体的方法についての御意見もいろいろと寄せられました。爾来日本ジャーナリスト会議は、右懇談会の事務をお預りして、懇談会発起人諸氏の御指示に従い、及ばずながらこの問題の解決のために尽力してまいりましたところ、最近に至り、国旗問題をきつかけとして日中貿易協定が破綻し、つゞいて中国側より日中関係の建直しに関する強い意志表示があり、日中記者交換の問題も容易ならぬ暗礁に乗りあぐるに至りましたので、ここにその事情を御報告すると共に、改めて御考慮を乞わねばならなくなりました。

中国外交当局並びに人民日報社説等によつて明らかにされましたところでは、中国側は在来の「積み上げ方式」をはつきりと決意して切り換えつつあるようであります。いわゆる「積み上げ方式」とは、日中両国がいまだに戦後の国交調整を済まさず、依然として公式には戦争状態を継続している実情にも拘らず、可能な限りあらゆる方途を通じて両国人民の友好的関係を築きあげ、徐々に戦争状態の終結並びに平和条約の締結に接近しようという方針であつて、中国はここ数年にわたり、この方針の下に極めて積極的な努力をつゞけて最近に至つたのであります。一九五五年におけるわが新聞界の代表団の中国訪問をはじめ、いろいろな機会を利しての日本新聞記者の中国訪問はかなり頻繁に行われ、その総人員は百九十余名に達し、且つ、北京にはほとんど常駐的に日本の新聞記者が二三名滞在して取材にあたっていたという、最近までの事情は中国側における右の方針のおかげでありました。これによつて解放後の中国の実情がどのくらい広くわが国民に伝えられることになつたかは、改めて申しあげるまでもありません。しかし、これは一方的な交通であるに留まり、中国側記者の日本入国及び駐在は、政府の方針並びに法規上の制約に妨げられて容易に実現いたしませんでした。中国側が昨年来、平等互恵の原則にもとづいて両国記者の交換を行おうと提案いたしましたのは、このような一方的交通を改めたいというのが真意であつたことは、御承知のとおりであります。そして、私たちはこの中国の提案を無理からぬことであると考え、各方面の御諒解と御協力とによつてその解決をはかりたいと考え、事実、そのために微力ながら努力いたしておつたわけであります。

ところが、今や中国はこの積み上げ方式を全面的に切換えようとし、貿易漁業両協定のみならず、各種の文化交流までも一時的にせよ停止されるに至り、記者交換問題もちよつと見通しのつかない状態に陥つたのであります。愚見によりますと、中国がいわゆる「積み重ね方式」を打切るに至りましたのは、ここ数年続けて来たこの方針の効果について、検討が行われた結果ではないかと存ぜられます。そこで私どもとしても、改めてこの効果を吟味してみる必要があると存じますが、たしかに中国側の期待に反するような結果がわが国に現れていることは否定できないようであります。すなわち、戦争状態が継続中であるにも拘らず、中国が両国人民の間の各種の交流を精力的に進めて来ましたのは、前述のようにその効果を積み重ねていつて、最後に戦争状態を正式に打切るところまでゆかうという、国交正常化を目標としたものでありました。ところが、日本側においては遺憾ながら、戦争状態継続中にも拘らず各種の交流が進んでゆくことは、ともすれば逆に戦争状態がなお継続中であることを忘れさせるような効果を生じ、国交正常化への動きを必ずしも促進しない傾向がありました。したがつて民間における日中友好関係の促進は、一向に、政府としての政策に反映せず、また経済・文化の交流の衝にあたる人々も中国側の好意的処置のみに期待して、わが国の政府にそれにそつた政策を要求する積極性をしばしば欠いていたようであります。少くとも、私共に関係のある日中両国間に新聞報道の通路をつけることに関しては遺憾ながらかかる積極性を欠いていたことは否定できない事実だと存じます。そして、このような「戦争状態をそのままにしておいて」という一般的傾向が、中国側をして在来の「積み上げ方式」切り換えの必要を感ぜしめるに至つたのであろうと察せられますし、その限りそれも無理からぬところであつたと考えられます。また、中国側がしばしば岸内閣の敵性格に言及したり、いわゆる「二つの中国」問題について駁論するようになつたのも、右のような状況を考慮してのことであると存ぜられます。

ところで、以上の如き状況に立至つているとすると、在来の如き「積み上げ方式」を前提として日中両国間の新聞報道の障碍を取り除き、記者交換問題の解決をはかることは極めて困難になつたと考えざるを得ません。しかも、この記者交換問題を中国のいうような平等互恵の原則によつて解決しない限り折角戦後開拓されました中国との報道の通路も杜絶するほかなく、国際的政局の異常な緊迫に直面している現在としては、まことに残念至極のことに存じます。二つの国の政府の政策や主張が対立して折合いを見出しがたいような場合にこそ、正に相互の真意理解のため、また実情の把握のため、新聞の通信報道は最大の機能を発揮し、その使命を遂行すべきときでございますのに、それが重大な支障につきあたつているということは、新聞事業の存在理由からいつても捨ておかれないことのように考えます。しかし、この局面を打開することは、私どもジャーナリスト会議の力だけで能くすることではございません。日本の新聞界にこれを打開しようとする自主的な、積極的な機運が大きく動き出すことが、ぜひとも必要だと存ぜられます。

その意味で、私どもは現在の状況を御報告すると共に、この重大事についての尊堂の御配慮をお願いいたし、打開策についての御教示を仰いで、なんとか重ねて努力してみたいと考えます。御高見をお洩らしいたゞければ、ひとり私どもだけの幸に留まらないと存じます。

頓首

一九五八年七月

日本ジャーナリスト会議

吉野源三郎

日中記者交換促進懇談会賛同者名簿

（敬称略　アイウエオ順）

所属	芳名
青木書店社長	青木春雄
衆議院議員	浅沼稲次郎
新潟日報東京支社長	阿部宇一
毎日新聞写真部長	安保久武
東洋経済新報社	雨宮浩一
共同通信社会部	新井直之
ダイヤモンド社	石山皆男
東京新聞編集局次長	磯部佑一郎
毎日新聞社会部	板垣保
	泉鴻之
朝日新聞論説委員	伊藤昇
共同通信外信部	岩崎公彦
亜細亜通信編集長	魚地三夫
共同通信論説委員	牛島俊作
時事通信編集局次長	海野稔
毎日新聞外信部	江藤数馬
岩波書店世界編集部	海老原光義
新聞労連委員長	大岩鉱吉
中部日本放送東京支社	大木貞一
共同通信社会部	太田松男
〃記事審査室	大塚嘉次
朝日新聞外報部	岡崎俊夫
大阪中央放送局報道部	岡村和夫
西日本新聞論説委員	岡本順一
国際貿易記者会	奥村和一
朝日新聞論説委員	小幡操
朝日新聞社会部	小原正雄
衆議院議員	片山哲
中日放送大阪支社長	鈴木重治
中部日本新聞編集局長	鈴木充
北海道新聞論説委員	須田禎一
毎日新聞編集局長	住本利男
国際貿易記者会	世良弘
世界政治資料	高橋勝之
毎日新聞外信部	高田富佐雄
読売新聞論説委員	高木健夫
参議院議員	竹中勝男
毎日新聞編集局次長	橘善守
共同通信政治部	田中理
朝日新聞論説委員	団野信夫
神奈川新聞	千賀寿
朝日新聞論説委員	土屋清
長野食糧事務所	坪井例
筑摩書房	土井一正
日本機関紙協会	富田隆
前進座	中村翫右衛門
北海道新聞政経部	中村正
日本機関紙通信社長	長島又男
熊本日々新聞東京支社	永嶺信恒
毎日新聞調査部	名取義一
	中島健蔵
朝日新聞論説委員	仁尾一郎
三井田川炭鉱	西影時男
日本経済新聞論説委員	針生健次郎
日朝協会理事長	畑中政春
朝日新聞経済部	波多野宏一

衆議院議員	風見章
朝日新聞社	門田勲
日本共産党	亀田東伍
東京新聞論説委員長	唐島基智三
前新聞労連委員長	勝俣功
光文社出版局長	神吉晴夫
中部日本新聞社	北島裕
衆議院議員	北村徳太郎
総評全国金属岡野パルプ支部	木津周弘
東大新聞研究所	城戸又一
経済評論家	木村禧八郎
	窪寺福寿
朝日新聞社会部	栗田純彦
日本機関紙協会理事長	黒田光雄
読売新聞東京支社	小島文夫
北国新聞東京支社	小林三郎
大月書店	小林直衛
読売新聞社友	小林雄一
貿易日日通信社	小林秀夫
毎日新聞地方部	小松久慶
東京新聞政治部	斉藤忠次
京都新聞東京支社長	酒井金太郎
国鉄労組高崎地方本部	桜井俊夫
週刊新潮編集長	佐藤亮一
南日本新聞東京支社	鮫島志芽太
亜細亜通信社	篠原則省
毎日新聞社経済部副部長	島津国臣
社会タイムス社	清水慎三
武漢・広州日本商品展覧会理事長	宿谷栄一
毎日新聞学芸部	杉本要吉
朝日新聞外信部長	鈴川勇
共同通信報道部次長	鈴木四郎
中日貿易会	鈴木一雄

西日本新聞編集局長	林田稔
北海道放送	原和夫
講談社「日本」編集長	原田裕
中部日本新聞東京支社社会部	樋口正文
〃　〃　外信部	古谷豊
アカハタ編集局長代理	星野力
国際事情研究会	本田良介
毎日新聞社会部	牧内節男
西日本新聞政経部次長	益田憲吉
東京新聞社会部	松永太
朝日新聞外報部	松野谷夫
日中友好協会	明昌保
主婦の友編集長	森本栄
原水爆禁止日本協議会理事長	安井郁
参議院議員	吉田法晴
岩波書店	吉野源三郎

賛同団体

日中友好協会
中日貿易会
武漢・広州日本商品展覧会
日本新聞労働組合連合

昭和三十三年六月二十一日(土)午後三時
佐多忠隆氏 廣田局長を訪問
中日関係行詰りの打開策に記者交換
問題を利用できまいか、善処願いたい
と申入れ

七月二日 法務省入管に
勝野局長訪問(出中)

7日
入国審査係 水間

五月八日　外務省　近藤情文局長訪問メモ

横田、宮豊。

一、下期　報償費　200万円については一週間以内に結論を出す、（福島外務委員長から連絡あり）

一、新華社記者の日本入国問題については、外務省としてはいまだ治安当局とも連絡をとっていない。貿易交渉がコジレてきた現在、話をもちだしても進みそうもない。　また記者交

残る問題は事務的に解決できる問題ではなく
内容で方針を打出してからでなくてはどうにも
ならない、たまたま選挙となり、その結果
どのような内容ができるかもわからないので、
五月十日に外人登録法が改正されても中共側が
入国手続きを準備してきたとしても、早急に
入国が実現するとも思われない。

以上

PRESS RELEASE
UNITED STATES INFORMATION SERVICE

一九五八年八月十二日

米国務省、中共政策覚書を発表

〔ワシントン八月十一日発〕米国務省は十一日、在外公館に配布した米国の中共不承認政策に関する四千語にのぼる覚書を発表したが、これについて同省のリーブ新聞係官はつぎのように語つた。

「この覚書は米国の某友好国（その名は明らかにされなかつた）の特別の要請によつて作成されたもので、十一日朝米国の在外公館全部に伝達された。その方針自体は、いままでとなんら変つたものではなく、一年前ダレス国務長官がサンフランシスコで行つた演説で十分に宣明したとおりのものである。なお一部の在外公館は、かねてから中国問題に関する国務省の方針を、もう一度表明してほしい」と要望していた。

政府筋はのちほど、この覚書を要請した友好国政府が国府ではないことを明らかにした。

米在外公館からの対中国政策再宣明の要望は、海外ならびにワシントンで発行されている数紙が伝えた国務省の対中国政策修正についての推測記事によつて促進された。リーブ氏はこの覚書はすべての国務省の在外公館向け通信と同じようにダレス国務長官の名前で伝達されたものであると述べた。

覚書の全文は次の通り。

中共に対する政策は、中共政権が出来て以来の重要問題であり、今日米国初め自由世界にとつて緊要な意義を持つものである。米国ではこの問題は国民の大多数にとつてきわめて切実な問題である。米国は北鮮と中共の韓国侵略によつて、米国は十四万二千名の死傷者を出し、全国各方面で惨苦を味わされた。しかも、これによつて生じた反感や、共産陣営の暴逆非道ぶりに対する米国民の憎悪感にもかかわらず、米政府の中共に対する政策は、国家的利益という客観的考慮に立脚しているのであり、知りうるあらゆる事実の持続的評価を反映しているのである。

米国が中共政権の外交的承認を行わない方針をとつているのは、元来このような承認を行つても、米国あるいは自由世界全般になんら見るべき利益をもたらさず、かえつて中共がアジア全体を共産支配下におこうとする企てに実質的な支援を与えるような結果となるにちがいないと考えるからである。むろん、それは移り行く情勢に応じて変化することのできないような「柔軟性を欠く」政策ではない。もし極東の情勢が根本的に変化をきたして、米国と自由世界の安全に脅威を与えてきた中共の政策を全く違つた見地から評価する必要が生ずるようになつた場合には、むろん米国は現在の政策を修正することになろう。しかし一九四九年に中共政権が樹立されていらいの極東における成行きをみるとき、米国としては中共政権の承認を保留しておく方が、自国および自由世界の利益に最も適うとしか考えられないのである。

— 2 —

米国の対中共政策の基本点は二つある。その第一は、中共はソ連圏の重要な一部分となつているが、このソ連圏は、世界の自由諸国の生活様式を破壊し、全世界を共産主義で支配しようと、広範囲の斗いを行つている。中共政権は、米国ならびに自由世界全体に対するその本来の敵性を露骨にあらわし、自由諸国を壊滅しようとの公然たる意図を示している。今日ではその非共産主義世界に対する攻勢と攻撃は、朝鮮戦乱当時いらいのはげしさを加えてきている。以上が第一の点である。

第二の点は、極東は共産主義攻勢にとくに侵されやすいということである。それは極東の自由諸国は中共に近接しており、さいきん独立をかちえた国々は自治というものに無経験であり、過去の植民地時代からうけつがれた西欧諸国に対する懐疑というものもあり、さらにこれらの国々の近代化推進に必然的に付随する政治的、社会的、経済的な変革などといつたものがあるからである。

中共はアジアにおける共産側の勝利を必至とみなしており、すでに中国本土の巨大な人口と領土を支配しているので、これによつて得られる利点をその目的達成に利用しているのである。中共指導者たちは、その隣国と平和を保ちながら自国民の福祉をも促進するということに主たる関心を抱いていないという事実をその言動によつて示した。かれらの主要目的は共産革命を国境のかなた、アジアの他の地域にまで拡げ、さらには世界の他の地域にも押しおよぼそうとしているのである。中国共産党副主席劉少奇は「共産党員の一番基本的な通常任務は共産主義を確立し現在の世界を共産世界に変容することである」と述べた。毛沢東自身も「中共政権の方針はアジア、アフリカ、中南米諸国における民族独立と解放運動に積極的支持を与えるにある」と述べた。これらの言葉が単なる空虚の言葉でないことは、中共の朝鮮侵略およびインドシナ共産系叛徒に対する兵器その他の援助供与という事実によつても示されている。

米国のアジアに対する政策は他の地域に対すると同様、自由国家の幸福を増進し、その独立を強化することにある。アジア諸国の多くは中国本土に近接し、かつ中共とは国の大きさ、国力において劣るものがあるから、共産主義の脅威を弱めないかぎり、この米国の政策は目的を達し得ない。したがつて米国としてまず第一に極東においてなすべきことは共産侵略を阻止することにあり、これを行わなければ共産主義の圧力に抵抗する力を自由諸国が結束できる前にこれに屈してしまう大きな危険を生ずるであろう。こうした抵抗力を育てるために、米国は直接中共の侵略途上に横たわる国々——韓国、台湾、ベトナム——に対して軍事援助を提供し、またその他のアジア諸国とは相互防衛上の取決めを結んできた。そしてこの努力は功を奏し、一九五四年いらい中共は公然たる武力行使によつてさらに支配権を拡張することはできなくなつている。

米国とアジアにおける同盟諸国がアジアの自由諸国の安全を維持するためにとつたこれらの措置は、世界の他の自由諸国にとつても緊要な関心事である。東アジアの残る部分が共産主義の手に渡るとしたら、世界中いたるところで共産主義の侵略に対して有効に反抗しようとする自由世界の能力に悲惨な打撃を与えることになろう。オーストラリアおよびニュージーランドに対する結果は特に重大なものがあるであろう。西太平洋諸島と東南アジア半島を失えばこれら諸国は孤立して戦略的に攻撃を受けやすい危険な立場に置かれることになる。

共産主義勢力拡大の前進を阻むためには軍事的阻止手段だけでは不十分であり、中共の破壊活動と政治的浸透に対する防止措置をとることがひとしく必要である。殊に一九五五年いらい中共政権はアジアの隣接諸国に対して宣伝、破壊活動、「人民民主主義」の普及、政治的策動などの謀略活動を盛んにしているので、このことは特に必要である。中共はこうした手段によつて、あえて軍事的征服の手段に出られぬ補いを得ようとしているのだ。したがつて米国はアジアの平和と安全を確保するためには、公然たる軍事的攻撃とともに隠然たる破壊活動にも警戒を怠らぬことが肝要だと考えるものである。

アジアにおける共産主義支配を拡大しようとする中共の野望をくじくために、その外交承認を控える措置もいま一つの有効な手段となる。大国がある国家を承認することは、その結果被承認国が国際的協議に加わる機会を増大することになるばかりでなく、その国際的地位と威信をいつそう高めることになるのが普通である。これと反対に承認を拒否することは、その政権にとり大きなハンデキャップとなり、その外交政策が効果的に遂行されることをいつそう困難ならしめる結果となるものである。米国が中共を承認しない主な目的の一つは、こうした利益を彼らに与えるのをはばんで、それだけアジアの安全を脅かす彼らの力を減殺することにある。

中共の場合には、承認に関する米国の政策に影響を与えている特別に考慮すべき諸点がある。先づ第一に、中共は中国の大部分を席巻したがまだ中国全土の征服を完了していない。一般に認められている中国の合法政府は依然存続し、台湾でその政治力、経済力、軍事力を着々強化しつつある。中華民国政府は戦略的に重要な島、台湾を支配しており、かなり強大な軍事力――アジアにおける自由世界の側の軍隊では最大のものの一つ――の所有によつて、中共の新たな侵略を阻止する大きな力となつている。

米国が中共を承認すれば、この政府をまつたく破壊しないまでも非常に弱めることになろう。これと反対に、米国が引続き中華民国を承認し支持してゆくならば、中華民国は、中共が行つている中国国民を代表しているとの主張に対し挑戦することができ、またいつかは共産主義の支配から自国を解放してみせるとの決意を固めている中国人の希望を存続させることができるであろう。

米国が中共を承認すれば、アジアの他の自由諸国政府に悪い影響を与え、これはアジアの自由世界が掲げる理想に破滅をもたらすであろう。米国と緊密に結びつき、中共と境を接しながらその独立維持に努めている諸国、特に韓国とベトナムは非常な混乱に陥り、気をくじくであろう。彼らはこのような措置を、米国が彼らを見捨てたものと解するであろう。彼らは、自分たちの唯一つの生存の望みは、それがアジアと世界の平和を脅かそうが脅かすまいが一切構わず、死物狂いの措置を採ることにあると考えるであろう。中国からもつと離れた諸国の政府は、米国の中共承認を、米国が極東から手を引くための第一歩とみるであろう。彼らは米国の支持なくしては長い間中共の意思にそむくことができないであろう。そして彼らの一部は恐らく、最も賢明な道は速かに中共とできるだけ親しい関係をとり結ぶことだと考えるにいたるのであろう。明かにこれらの事態は、アジアにおける自由世界全体の立場を最も重大な危機に陥れることになろう。

中国問題に関して特に考慮を要するもう一つの点は、多数の有力な「在外」中国人が東南アジア諸国の大部分に住んでいることである。

健全な自由社会を建設しその経済を発展させて行こうというこれら諸国の努力は、万一これらの人々が中共の勢力下に置かれるようなことになつたらひどく阻害されることになり、これらの在外中国人を通しての共産主義の破壊活動の重大な脅威が生ずることになる。

— 4 —

米国が中共を承認して、米国の繁栄が衰退しその結果として必然的に国府の繁栄も衰退することになれば、これら在外中国人たちは深刻な心理的打撃を受け、その多数が中共側に忠誠を誓うようになることは必至であろう。これはまた中国共産主義影響と勢力の拡大を促進する圧力に反抗しようとするこれら諸国の能力を根本から破壊することになる。

中国問題について考慮されねばならぬさらにいま一つの要因は、中共政権の承認が国連におよぼす影響である。米国による中共政権の承認が、同政権を結局国連加盟国政府とすることになるのは必至である。米国の見解によれば、この承認は国際平和維持機構としての国連を破壊しないまでも、弱体化せしめるものである。朝鮮戦乱では、国連の集団行動による侵略阻止の最初のもつとも重大な努力が払われた。このような国連の努力が向けられた相手当事国の一つたる中共を、その侵略の罪つぐないもいまだにされておらず、朝鮮駐留国連軍の意志にも反抗している今日、国連構成国とすることは、国連自身の失態を自認するにひとしく、また国連が将来侵略に対し効果的な措置を講ずる見込みをも著しくそぐこととなろう。それのみでなく、中華民国は国連憲章上、れつきとした加盟国なのであり、その国連代表は国連の建設的事業に大いに寄与して来たのである。もし中共政権代表が国連内で中華民国政府代表に取つて代り、安保理事会で中共に拒否権が与えられるようになれば、安保理事会が国連憲章上帯びている国際平和安全維持の責任を将来果しうる能力は著しく損傷されることとなるのである。

中共承認を唱える人々はこのような場合に適用される国際法の基準からして同政権は「外交上の承認をあたえられるだけの資格がある」とよくいう。しかし米国の見解では、外交上の承認は、ひとつの特典であつて権利ではない。そしてさらに、それはその国の良識にもとづく自已利益のために用いることが権利であると同時に、義務である国家政策の手段であると考えている。しかし、国際法でよく引用される基準に照らしても、中共政権がこの外交上の承認をうける資格がはたしてあるかどうか、甚だ疑わしい。同政権は全中国を支配してはいない。事実、同政権の全中国支配の要求に抗する相当な力が現存している。中国本土を掌握している中国共産党はごく小さな小数党で、その党員は中国人口の二%にもたりない。そしてその支配のありかたの特色である国民統制、暴虐な弾圧、各種の犠牲強制等は国民の間に広く不安を生じさせている。すなわち同政権は明らかにトーマス・ジェファスンのいう「広く表明された一般大衆の意思」を代表するものではない。最後に同政権は、その国際的義務を励行しようとの意図を示していない。同政権がまずやったことは、国民政府の結んだ条約を、自分の欲するものだけ残して廃棄するということであつた。権力をにぎるにおよんでは、外国人の財産を事実上補償もなしに没収してしまつた。英国などはいちはやく同政権を承認したにもかかわらず、膨大な投資資産を没収された。また同政権はさまざまな誓約を無視してきた。その中には朝鮮休戦に関するさまざまな条項、ベトナムとラオスに関するジュネーブ協定、そしてさらに中共にある全米国人をすみやかに帰国させるとみずから約束した、一九五五年九月の「合意にもとづく声明」などがある。

　中共承認問題に対する米国の政策は、国家的利益ということを慎重に判断した上できめられており、ひきつづいての国民政府の承認、支持とあいまつて中共不承認の政策は、極東における米国の政策目標の達成を促進するものである。もし中共を承認すれば、こういつた目標の達成はいちじるしく阻害され、アジアにおける共産勢力の拡大を助長することになろう。

米国は中国に対する政策を決定するにあたつては、中共に外交上の承認をあたえよと提唱する人々の、さまざまな声明や議論も考慮に入れてきた。最も一般にいわれている承認への理由のひとつは、現実は「みとめねばならない」、六億の人民の存在を「無視することはできない」というものである。しかしこの主張はいずれも、表面的には訴えるものをもつているが、事態の実情をみのがしている。米国の政策はもちろん、現在のところは中共政権が中国本土を支配しているという事実を、十分認めた上でのものである。

しかし、ある政権と交渉するためには、その政権と外交関係を保たねばならぬというわけのものではない。外交上の承認を与えることなしに、米国は中共代表側との広範な交渉、特に朝鮮やインドシナに関する休戦交渉、ごく最近ではジュネーブ大使会談などに参加した。同様に、米国の政策はいかなる意味でも中国国民の存在と熱望を「無視する」ものではない。米国の中国国民に対する態度は歴史的に存在していた通りのもの、すなわち友好的精神と同情ある理解の態度なのである。とはいうものの、中国国民に対するわれわれの友情のため、中共政権が現在われわれの安全保障を脅かしている点につき、われわれが盲目となつてはならぬことも明らかである。それのみでなく、米国は中共政権が中国国民の真の意思や熱望を代表しているものでないということ、また承認を差控えておくというわれわれの方針が実際には中国国民の究極の利益にもなるということを確信するものである。

中共を承認すれば、結局においては中共とソ連との結び付きを弱め、あるいはこれをぶち壊しさえするような作用を中共政権におよぼすとの議論が、まま行われている。不幸にして、このような信念を裏付けるような証拠はないし、何故それがありそうにもないと思えるかについては重大な理由がある。ソ連と中共との同盟は久しい以前からのもので、その起源をたどれば、コミンテルン代表が重大役割を演じた一九二一年の中国共産党結成当時までさかのぼることができる。

それは共通のイデオロギーと非共産主義世界に対して相互に抱いている目的にもとづいている。最近のすべての証拠は、中共とソ連との結びつきが疎遠になるよりはむしろ緊密になつていることを示している。中国共産主義者たちはハンガリーにおけるソ連の武力干渉を公然と擁護し、ナジその他のハンガリー暴動事件の指導者たちの処刑を無条件で承認した。

彼らはまたユーゴにおけるクレムリン政府の支配を離れた民族主義を追求しようとする運動に対する最近の共産圏諸国の集団攻撃の指導者であつた。これらおよびその他の事実は、中・ソ同盟の両提携国が両国の相互依存関係をはつきり認識し、自由世界に対する共産圏の団結をきわめて重要視していることを如実に物語つている。さらにまた中共としては、ソ連との同盟は、武器その他の軍需資材の供給を確実に仰ぐことができるという特に大きな利点がある。もともと毛沢東その他の中共首脳連は軍事力を掌握したからこそ権力の座につくことができたのであり、したがつて内外の反対勢力に対抗して支配権を保持し、その外交政策目的を達成するためには、軍事力の掌握がいかに重要であるかをよくわきまえている。その彼らが軍需資材の供給源を失うような措置をとるということは先ず考えられないのである。この点だけを考えても、米国その他の大国が中共政権を承認すれば、彼らは「チトー主義者」の役割を担当するようになるだろうなどと思いこむことが、いかに非現実的であるか、わかるであろう。

いな、むしろその反対の結果の方が実際には起りそうである。なぜならば、仮に米国が中共政権を認めるとしたならば、それは彼らの国際的声威を増大させるなどの利点を与える結果、中共指導者たちは恐らくその政策が正しいことを確証されたように感じ、ソ連とさらに密接な関係を続けて行くことが得であると思いこむに違いない。

　中共を承認することは、中共との貿易拡大のために必要な措置であるという主張がしばしば行われるが、米国にとつてはこれは勿論考慮を要しないことである。なぜなら米国は朝鮮戦乱の結果対敵貿易法に基き中共との貿易を禁止しているからである。しかし中共との貿易の拡大を望む諸国にとつても、各種の事実は貿易が承認に依存するとの主張を裏付けてはいない。それどころか、一九五〇年中共を承認した英国は、中共が自国から輸入する以上のものを自国が中共から輸入していることを発見した。一方、西独は中共を承認していないが、中共との貿易尻は黒字である。どの道、中共との貿易の機会は、外貨の不足によつて大きな制限を受けており、この不足は今後長年解消する見込みはない。しかもこのような貿易は常に中共の政策如何によつて左右される。中共は、それが便利とみる場合貿易の相手方に圧力を加えるための手段として貿易を利用している。そのよい例は日本の場合である。中共は最近、日本がある種の政治的譲歩を行うことを拒んだことに対する報復として、日本とのすべての貿易を打切り、あまつさえすでに締結された契約さえも取消した。故に長期的にみれば中共との貿易の利益は実際のものではないことが分ろう。

　中共はこのままの状態でずつと続くだろうし、おそかれ早かれこれを承認せざるを得ない以上、いますぐこれを不可避として認める方が、あとになつていやいや承認するような不手際なまねをするよりも賢明であろう、という主張がよくきかれる。なるほど、中共政権がいまにも崩壊するばかりだと信ずべき理由はたしかにないであろう。しかし同様に彼らの本土支配がいつまでも続くと認めるべき理由も全くないのである。事実、中共内に不満と不安が存在する証拠は、この一年間同国内で盛んに行われている「思想改造」や「右翼分子」に対する大がかりの反対運動にはつきり見られるのである。由来独裁者はしばしば全反対勢力を弾圧、沈黙せしめてしまうことからして、その支配がいつまでも続くかのように空想しがちだが、中共指導者もまたその例をまぬかれない。米国としては、共産主義者の中国支配は決して永続きするものではなく、やがては崩壊するにいたるものと信じている。彼らの政権を外交上承認せずにいることは、この崩壊の時期をこれによつて早めようと思うからである。

対中国政策についての一般の論議の中で、最も広く人々の注意をひいているのは「二つの中国解決案」なるものである。これは簡単にいつて、中共政権は中国本土の政府としてみとめ、台北政府はいままでどおり台湾の合法政府としてみとめるというもので、この方法によれば、中共がすでに支配しているところだけに対してその政権をみとめ、しかも台湾は自由世界の軍事戦略的要さいとして保持できるという利点があると主張する。しかしながらこの意見は、根本的に重要ないくつかの点をみのがしている。すなわち国民政府は中国に対するその主権が減退するようなことはいつさい受けつけず、そのような取決めには、みずからあらゆる手をつくして反対するであろう。そしてそれでも無理におしつけたりすれば、同政府の自由世界に対する忠実な同盟国としての存在価値は失われてしまうだろう。また中共とてもこのような取決めには反対するだろう。

事実、この一年間における中共の宣伝はこの「二つの中国」という構想を繰返しやかましく非難しており、皮肉にも米国政府がこの考えを実施しようと企んでいると非難している。北京政権は台湾の最終的獲得を非常に重要視しており、他の手段で入手できなければ実力を行使しても台湾を奪取するという、そのいわゆる権利を終始一貫して保留してきた。従つて台湾を中国本土から永久的に分離することになるようないかなる協定にも中共が同意するという見込は全くない。

「二つの中国」という概念には、中共政権も国府も強く反対している。従つて、たとえかような概念による解決策が外部から課せられるようなことがあつたとしても、かような解決策は安定性のあるものにはなりえない。どちらか一方の側の武力による他方の崩壊を回避するためには、不断の国際監視が必要となつて来るのである。

中共政権の不承認は中共を殉教者扱いにし、その結果特にアジア中立諸国に、中共を罪なくして傷つけられた当事国のように映ぜしめるきらいなしとしないと、いわれることも時としてある。これもある程度当つていることを否定するわけにはいかない。しかしこのような不利な点は、もし逆の方針を執つたさい生ずべき不利な点よりも、はるかにその度合が薄いものである。中共の政策に固有の脅威を理解しえずまたは理解しようともせず、中共の拡張政策に対する防衛の第一線を形造つているアジアの米同盟諸国以上に中共が逆遇されていると誤つた観察を下している一部の中立主義者らが、もしかれらに常識はずれとしか見えぬようなことによつて戸惑いしまどついたとしても、むしろその方がましなことは確かである。

現在四十五の非共産主義国が中華民国を承認している。中共を承認したのは僅か十九カ国で、その大部分は一九五〇年の朝鮮戦乱発生前に承認した。故に自由世界の指導的な国家が承認すれば、これは中共にとつての重要な勝利、自由世界が共産主義の圧迫に立向いたがらない兆し、国際共産主義の領土拡大主義勢力にいかに対処すべきかという問題に関し自由世界内に重大な意見の相違があることとの致命的な証拠と解されるであろう。これは極東に対し特に深刻な影響を与え、中共の領土拡大主義的圧力に最も直接さらされている極東の自由諸国は失望し混乱に陥り、その一部は共産主義勢力の前に一人取り残されることの恐怖から必ずやこれに見習つて同じ措置を採る誘惑にかられるであろう。

世界の他の諸地域にあつて、極東の情勢の重大な性質をそれほど認識せず、また極東における事態の発展から直接影響を受けることの少い諸国は、このようにして出来上つた例にならうかも知れない。他の自由諸国が中共政権を承認することによつて必然的に生ずる結果は、その威信と影響力そして勢力をいちじるしく増大させ、太平洋地域における自由世界の安全保障上の利益を維持しようとする努力をさらに困難にすることであろう。

PRESS RELEASE

UNITED STATES INFORMATION SERVICE

FOR IMMEDIATE RELEASE: August 12, 1958

U.S. STATE DEPARTMENT MAKES PUBLIC MEMORANDUM ON CHINA POLICY

Washington, Aug. 11 -- The State Department made public today the text of a memorandum to U.S. diplomatic missions abroad on policy regarding non-recognition of Communist China.

The Department said the memorandum was prepared at the specific request of one friendly government which it did not name. The memorandum was transmitted to all missions this morning.

Department Press Officer Joseph Reap said that the 4,000 word statement did not contain any changes in policy. He said the policy covered in the memorandum was set forth fully by Secretary of State Dulles in a San Francisco speech about a year ago.

Reap said several missions abroad also had requested a re-statement of Department policy on the China question.

Officials later disclosed that Republic of China was not the friendly government that requested the memorandum.

The requests from U.S. missions abroad for a re-statement of China policy were prompted by several newspapers' stories published abroad and in Washington speculating about a change in the Department's China policy. Reap said the memorandum was transmitted over the name of Secretary Dulles -- as are all Department communications to the field.

Following is the text of the memorandum:

Policy towards Communist China has been an important issue since the communists came to power there, and it is of critical significance to the United States and the Free World today. In the United States the issue is a very real one to the vast majority of the people. As a result of Korean and Chinese communist aggression in Korea, the United States suffered 142,000 casualties, bringing tragedy to communities all over the country. Nevertheless, despite the emotions thus engendered and the abhorrence of the American people for the brutality and utter lack of morality of communist systems, the policy of the United States government towards China has necessarily been based on objective considerations of national interest. It also reflects a continuing appraisal of all available facts.

Basically the United States policy of not extending diplomatic recognition to the communist regime in China proceeds from the conviction that such recognition would produce no tangible benefits to the United States or to the Free World as a whole and would be of material assistance to Chinese communist attempts to extend communist dominion throughout Asia. It is not an "inflexible" policy which cannot be altered to meet changed conditions. If the situation in the Far East were so to change in its basic elements as to call for a radically different evaluation of the threat Chinese communist policies pose to United States and Free World security interests, the United States would of course readjust its present policies. However, the course of events in the Far East since the establishment of the Chinese communist regime in 1949 has thus far confirmed the United States view that its interests and those of the Free World are best served by withholding diplomatic recognition from the regime in Peiping.

(Continued on next page)

The basic considerations on which United States policy toward China rests are twofold. First, the Soviet bloc, of which Communist China is an important part, is engaged in a long-range struggle to destroy the way of life of the free countries of the world and bring about the global dominion of communism. The Chinese communist regime has made no secret of its fundamental hostility to the United States and the Free World as a whole nor of its avowed intention to effect their downfall. Today its defiance of and attacks on the non-communist world have reached a level of intensity that has not been witnessed since the Korean war. The second basic factor is that East Asia is peculiarly vulnerable to the communist offensive because of the proximity of the free countries of that area to Communist China, the inexperience in self-government of those which have recently won their independence, their suspicions of the west inherited from their colonial past, and the social, political and economic changes which inevitably accompany their drive toward modernization.

The Chinese communists see the victory of communism in Asia as inevitable; and now that they control the vast population and territory of mainland China they are utilizing the advantages these give to encompass their ends. Chinese communist leaders have shown by their words and their acts that they are not primarily interested in promoting the welfare of their people while living at peace with their neighbors. Their primary purpose is to extend the communist revolution beyond their borders to the rest of Asia and thence to the rest of the world. Liu Shao-chi, the second-ranking member of the Chinese Communist Party has said: "The most fundamental and common duty of Communist Party members is to establish communism and transform the present world into a communist world." Mao Tse-tung himself has said that his regime's policy is "to give active support to the national independence and liberation movements in countries in Asia, Africa and Latin America." That these are not empty words was shown by Chinese communist aggression in Korea and provision of arms and other assistance to the communist rebels in Indochina.

United States policy in Asia, as elsewhere in the world, is to promote the domestic welfare and to strengthen the independence of free nations. Because of the proximity of many Asian nations to mainland China and the disparity in size and power between them and Communist China, this can be done parity in size and power between them and Communist China, this can be done only if the communist threat is neutralized. The first need of United States policy in the Far East is to deter communist aggression, else the free nations would be in grave danger of succumbing to communist pressures before they had gathered the strength with which to resist them. The United States has sought to accomplish this by military assistance to the nations directly in the path of Chinese communist expansion -- Korea, Taiwan, and Vietnam -- and by a system of mutual defense arrangements with other nations of the area. We have been successful in this effort and since 1954 the Chinese communists have not been able to make further gains through the open use of military force.

The measures the United States and its allies in Asia have taken to preserve the security of the free nations of the area are of vital interest to the other free nations of the world. Loss of the rest of East Asia to communism could have a disastrous effect on the Free World's ability to resist effectively the encroachments of communism elsewhere. The consequences for Australia and New Zealand would be especially serious. Loss of the islands of the West Pacific and of the Southeast Asian peninsula would isolate these countries and place them in a strategically exposed and dangerous position.

Efforts to halt further communist expansion cannot be confined to military deterrence alone. Counter-measures against Chinese communist subversion and political infiltration are equally necessary. This is especially so as, since 1955, Peiping has increasingly resorted to propaganda, subversion, "people's diplomacy," and political maneuvering in its dealings with its Asian neighbors. Peiping seeks to win by this means what it apparently does not dare attempt through military conquest. The United States therefore considers that in preserving the peace and security of Asia it is as important to be alert to the threat of subversion as to that of open military attack.

In the effort to block Peiping's attempts to extend communist rule in Asia the withholding of diplomatic recognition is an important factor. The extension of diplomatic recognition by a great power normally carries with it not only increased access to international councils but enhanced international standing and prestige as well. Denial of recognition on the other hand is a positive handicap to the regime affected and one which makes it that much the more difficult for it to pursue its foreign policies with success. One basic purpose of United States non-recognition of Communist China is to deny it these advantages and to that extent limit its ability to threaten the security of the area.

(Continued on next page)

In the case of China there are special considerations which influence United States policy with regard to recognition. For one thing, although the Chinese communists have seized the preponderant bulk of China, they have not completed their conquest of the country. The generally recognized legitimate government of China continues to exist and in Taiwan is steadily developing its political, economic and military strength. The government of the Republic of China controls the strategic island of Taiwan and through its possession of a sizeable military force -- one of the largest on the side of the Free World in Asia -- presents a significant deterrent to renewed Chinese communist aggression. Recognition of Communist China by the United States would seriously cripple, if not destroy altogether, that government. On the other hand, continued United States recognition and support of the Republic of China enables it to challenge the claim of the Chinese communists to represent the Chinese people and keeps alive the hopes of those Chinese who are determined eventually to free their country of communist rule.

Recognition of Communist China by the United States would have an adverse effect on the other free governments of Asia which could be disastrous to the cause of the Free World in that part of the world. Those nations which are closely allied to the United States and are striving to maintain their independence on the perimeter of Chinese communist power, especially Korea and Vietnam, would be profoundly confused and demoralized. They would interpret such action as abandonment of their cause by the United States. They might reason that their only hope for survival lay in desperate measures, not caring whether these threatened the peace of the area and the world. Governments further removed from the borders of China would see in American recognition of Communist China the first step in the withdrawal of the United States from the Far East. Without the support of the United States they would be unable long to defy the will of Peiping; and some would probably conclude that their wisest course would be speedily to seek the best terms obtainable from Peiping. Needless to say, these developments would place the entire Free World position in Asia in the gravest peril.

Another special consideration in the case of China is that large and influential "overseas" Chinese communities exist in most of the countries of Southeast Asia.

The efforts of these countries to build healthy free societies and to develop their economies would be seriously retarded if these communities were to fall under the sway of the Chinese communists; and a grave threat of communist subversion through these overseas communities would arise. Recognition of Communist China by the United States and the decline in the fortunes of the United States and the decline in the fortunes of the Republic of China which would inevitably result would have such a profound psychological effect on the overseas Chinese that it would make inevitable the transfer of the loyalties of large numbers to the communist side. This in turn would undermine the ability of the host countries to resist the pressures tending to promote the expansion of Chinese communist influence and power.

Still another factor which must be considered in the case of China is the effect which recognition of the communist regime would have on the United Nations. Recognition of Peiping by the United States would inevitably lead to the seating of Peiping in that body. In the view of the United States this would vitiate, if not destroy, the United Nations as an instrument for the maintenance of international peace. The Korean war was the first and most important effort to halt aggression through collective action in the United Nations. For Communist China, one of the parties against which the effort of the United Nations was directed, to be seated in the United Nations while still unpurged of its aggression and defying the will of the United Nations in Korea, would amount to a confession of failure on the part of the United Nations and would greatly reduce the prospects for future successful action by the United Nations against aggression. Moreover, the Republic of China is a charter member in good standing of the United Nations and its representatives there have contributed importantly to the constructive work of that organization. If the representatives of the Chinese communist regime were to be seated in their place and given China's veto in the Security Council the ability of that body in the future to discharge the responsibility it has under the Charter for the maintaining of international peace and security would be seriously impaired.

(Continued on next page)

Those who advocate recognition of the Chinese communists often assume that by the standards of international law applied to such cases the Peiping regime is "entitled to diplomatic recognition." In the view of the United States diplomatic recognition is a privilege and not a right. Moreover, the United States considers that diplomatic recognition is an instrument of national policy which it is both its right and its duty to use in the enlightened self-interest of the nation. However, there is reason to doubt that even by the tests often cited in international law the Chinese communist regime qualifies for diplomatic recognition. It does not rule all China, and there is a substantial force in being which contests its claim to do so. The Chinese Communist Party which holds mainland China in its grip is a tiny minority comprising less than two percent of the Chinese people, and the regimentation, brutal repression, and forced sacrifices that have characterized its rule have resulted in extensive popular unrest. To paraphrase Thomas Jefferson's dictum, this regime certainly does not represent "the will of the populace, substantially declared." Finally, it has shown no intention to honor its international obligations. One of its first acts was to abrogate the treaties of the Republic of China except those it chose to continue. On assuming power it carried out a virtual confiscation without compensation of the properties of foreign nationals, including immense British investments notwithstanding the United Kingdom's prompt recognition of it. It has failed to honor various commitments entered into since, including various provisions of the Korean Armistice and the Geneva Accord on Vietnam and Laos as well as the "agreed announcement" of September, 1955 by which it pledged itself to permit all Americans in China to return home "expeditiously."

The United States policy toward recognition of Communist China is then based on a carefully considered judgment of the national interest. Non-recognition of Peiping coupled with continued recognition and support of the Republic of China facilitates the accomplishment of United States policy objectives in the Far East. Recognition of Peiping would seriously hinder accomplishment of these objectives and would facilitate the advance of communist power in Asia.

In the process of determining its policy toward China the United States has taken into account the various statements and arguments advanced by proponents of extending diplomatic recognition to Peiping. One of the most commonly advanced reasons for recognition is that reality must be "recognized " and 600 million people cannot be "ignored." While superficially appealing both statements themselves overlook the realities of the situation. United States policy is, of course, based on full appreciation of the fact that the Chinese communist regime is currently in control of mainland China. However, it is not necessary to have diplomatic relations with a regime in order to deal with it. Without extending diplomatic recognition the United States has participated in extended negotiations with Chinese communist representatives, in the Korean and Indochina armistice negotiations and more recently in the ambassadorial talks in Geneva. Similarly, United States policy in no sense "ignores" the existence and the aspirations of the Chinese people. Its attitude toward the people of China remains what it historically has been, one of friendship and sympathetic understanding. It is nonetheless clear that our friendship for the Chinese people must not be permitted to blind us to the threat to our security which the communist regime in China now presents. Moreover, the United States is convinced that the Chinese communist regime does not represent the true will or aspirations of the Chinese people and that our policy of withholding recognition from it is in actuality in their ultimate interest.

It is sometimes contended that by recognition of Communist China it would be possible to exert leverage on the Peiping regime which might ultimately be successful in weakening or even breaking the bond with Moscow. Unfortunately, there is no evidence to support this belief and there are important reasons why it is unlikely. The alliance between Moscow and Peiping is one of long standing; it traces its origin to the very founding of the Chinese Communist Party in 1921, in which representatives of the Comintern played an important role.

(Continued on next page)

It is based on a common ideology and on mutually-held objectives with respect to the non-communist world. All recent evidence points to the closeness of the tie between the Chinese communists and the USSR rather than in the other direction. The Chinese communists were outspoken in championing the armed intervention of the Soviets in Hungary and have given unqualified endorsement to the execution of Nagy and the other leaders of the Hungarian revolt. They were also leaders in the recent communist bloc attack on Yugoslavia for its attempts to pursue national policies independent of Kremlin control. These and other facts make it apparent that the two partners in the Sino-Soviet alliance clearly realize their mutual dependence and attach great importance to bloc unity vis-a-vis the Free World.

Furthermore, the alliance with the USSR has a special importance for the Chinese communists since it provides them with a dependable source of arms and military supplies. The Chinese communist leaders, including Mao Tse-tung himself, came to power through their command of military force. They are therefore keenly conscious of the importance of military force to keep themselves in power against domestic and external opposition and to achieve the goals of their foreign policy. It is scarcely credible that they would dare risk any course of action which could lead to loss of their source of military supplies. For this reason alone, it would seem unrealistic to believe that recognition of Peiping by the United States or any other leading nation would have the effect of tempting the Chinese communists to play a "Titoist" role.

In fact the opposite is quite likely to be the result. Were the United States to grant diplomatic recognition to Peiping -- with all that this would entail by way of enhanced international prestige -- its leaders would most likely feel confirmed in the correctness of their policies and the advantages of continued close cooperation with Moscow.

It is often alleged that recognition of Communist China is a necessary

States to grant diplomatic recognition to Peiping -- with all that this would entail by way of enhanced international prestige -- its leaders would most likely feel confirmed in the correctness of their policies and the advantages of continued close cooperation with Moscow.

It is often alleged that recognition of Communist China is a necessary step in expanding trade relations with that country. For the United States this is of course not a consideration, since the United States embargoes trade with Peiping under the Trading With The Enemy Act as a result of the Korean war. But even for countries which do desire to expand trade with mainland China, the facts do not support the contention that trade is dependent on recognition. To the contrary, Great Britain, which recognized Communist China in 1950, has found that she buys more goods from Communist China than Communist China buys from her. West Germany on the other hand does not recognize Peiping and enjoys a favorable trade balance with mainland China. In any case, trade opportunities with Communist China are severely limited by a shortage of foreign exchange which is likely to persist for many years to come. Moreover, such trade would always be at the mercy of communist policies. Peiping uses trade as a means of exerting pressure on the trading partner whenever it deems this to be expedient. A striking example is the case of Japan, where the Chinese communists recently retaliated against Japanese refusal to make certain political concessions by cutting off all trade and even cancelling contracts which had already been entered into. It would therefore seem that over the long run the advantages of trade with Peiping will prove more ephemeral than real.

An argument often heard is that the Chinese communists are here "to stay"; that they will have to be recognized sooner or later; and that it would be the course of wisdom to bow to the inevitable now rather than be forced to do so ungracefully at a later date. It is true that there is no reason to believe that the Chinese communist regime is on the verge of collapse; but there is equally no reason to accept its present rule in mainland China as permanent. In fact unmistakable signs of dissatisfaction and unrest in Communist China have appeared in the "ideological remodeling" and the mass campaign against "rightists" which have been in progress during the past year. Dictatorships often create an illusion of permanence from the very fact that they suppress and still all opposition and that of the Chinese communists is no exception to this rule. The United States holds the view that communism's rule in China is not permanent and that it one day will pass. By withholding diplomatic recognition from Peiping it seeks to hasten that passing.

In public discussions of China policy one of the proposals that has attracted widest attention is that known as the "two Chinas solution." Briefly, advocates of this arrangement propose that the Chinese communist regime be recognized as the government of mainland China while the government at Taipei remains as the legal government of Taiwan. They argue that this approach to the Chinese problem has the merit of granting the communists only what they already control while retaining for the Free World the militarily strategic bastion of Taiwan. However, it overlooks or ignores certain facts of basic importance. The Republic of China would not accept any diminution of its sovereignty over China and could be expected to resist such an arrangement with all the means at its disposal. If a "two Chinas solution" were to be forcefully imposed against its will, that government's effectiveness as a loyal ally to the Free World cause would be destroyed. Peiping too would reject such an arrangement. In fact over the past year Chinese communist propaganda has repeatedly and stridently denounced the "two Chinas" concept and, ironically, has been accusing the United States government of attempting to put it into effect. Peiping attaches great importance to the eventual acquisition of Taiwan and has consistently reserved what it calls its "right" to seize Taiwan by force if other means fail. There is no prospect that it would ever acquiesce in any arrangement which would lead to the permanent detachment of Taiwan from China.

The "two Chinas" concept is bitterly opposed by both Peiping and Taipei. Hence, even if such a solution could be imposed by outside authority, it would not be a stable one. Constant policing would be required to avert its violent overthrow by one side or the other.

It is sometimes said that non-recognition of Peiping tends to martyrize the Chinese communists, thereby enabling them to pose, especially before Asian neutralists, as an innocent and injured party. It would be impossible to deny that there is some truth in this. But this disadvantage is far outweighed by the disadvantages that would result from following the opposite course. It is surely better that some neutralists, who are either unable or unwilling to comprehend the threat inherent in Chinese communist policies, mistakenly consider Peiping unjustly treated than that the allies of the United States in Asia, who are the first line of defense against Chinese communist expansion, should be confused and demoralized by what to them could only appear to be a betrayal of the common sense.

Forty-five non-communist countries recognize the Republic of China. Only nineteen have recognized Peiping, and most of these did so before the Korean war in 1950. Recognition by a leading Free World nation would therefore be interpreted as an important victory for the Chinese communists, as a sign of Free World reluctance to stand up to communist pressures, and as damaging evidence of a serious difference of opinion within the Free World concerning the problem of how to deal with the expansionist forces of international communism. It would have an especially serious effect in the Far East where the Free World nations most directly exposed to Chinese communist expansionist pressures would be dismayed and confused and some would no doubt be tempted to follow suit for fear of being left alone in the face of communist power. Nations in other areas of the world whose governments are less conscious of the critical nature of the situation in the Far East and less immediately affected by developments in that area might follow the example thus set. The inevitable consequence of recognition of the Chinese communist regime by other free nations would be greatly to enhance its prestige, influence, and power and to make more difficult the effort to maintain Free World security interests in the Pacific Area.

***

日中関係危機打開
国交回復促進月間諸活動について御協力お願い

日中関係が重大な事態を迎えている折から、今また台湾に紛争が起きております。

台湾における紛争は、アメリカの軍事的挑発によつて引き起されたものであり、現在、沖縄・岩国・厚木などの基地からは米軍が派遣され、日本は戦争に巻きこまれようとしています。

藤山外相の訪米による相互防衛条約締結の問題、国連における中国の代表権に対する反対投票等は米国の軍事的挑発に途を開くもので国民として許し得べきものではありません。

台湾は中国の領土であり、何人と雖も他国の領土・主権に干渉することは許されません。

我々は原爆の最初の洗礼を受けた国として、戦争にまきこまれることに反対し、台湾に対する外国の内政干渉に反対し、日中両国人民の友好関係を樹立することが、日本の平和的将来と発展を保証するものだと確信し、こゝに一大国民運動を展開することを申し合せました。

我が国の平和的発展はこの国民運動の成否にかゝつていると考え強力に国民勢力の結集に努力したいと存じます。

貴下が促進月間設定の趣旨に御賛同下され、物心両面にわたる御協力を戴くことが出来れば幸いであります。

一九五八年九月

日中国交回復国民会議

理事長　風　見

殿

記

日中関係危機打開
日中国交回復促進 月間中の諸行事

一、十月八日午後二時より、日比谷野外音楽堂において〝日中関係打開・核武装禁止国民大会〟を開催。
大会は一万五千名の参加を計画し、ポスター、チラシ等で広汎に全国的宣伝を行う。
大会終了後直ちにデモ行進にうつり、アメリカ大使館、日本政府に抗議の要請を行う。

二、十月九日には虎ノ門の霞山会館において全国から参加した代表者、中央団体関係代表者、東京都の地域の活動家を結集して代表者会議を開き、討論を深め、今後の運動の進め方を検討する。

三、十月二十八日には杉並公会堂において、二千名の全国代表を結集する「日中関係打開・核武装禁止国民大集会」を開催する。
当日は、労働者階級は日中国交回復のための職場大会、ストライキをもつてこたえ、国民集会は総会と分科会とにわけて運営する。

国民集会は広汎な実行委の結成によつて大衆的参加の下で行う。

四、日中関係打開を表徴するバッジを作製し全国的に配布する。

五、国交回復要求の署名運動を全国的に呼びかけ、全国一斉の署名街頭進出週間を計画。九月までの第一期集計を行う。

六、文化人のアピール、中国からの釈放戦犯者によるアピール、ポスター、ステッカーの全国的配布。

七、現状を正しく認識するための活動家並に大衆向けパンフレットの作成。

八、地方大都市は勿論、市、町、村、全国の隅々に至るまで、小集会、地域懇談会、講演会、大会を計画する。

このほか、台湾問題その他で臨機の活動体制を整備します。以上の諸活動を展開するための月間予算として二〇〇万円を計上して活動を進めております。

K0078

切取線

御氏名

御住所

職業（又は役職名）

国交回復国民会議の促進月間運動の趣旨に賛同し、月間運動協力資金として　　口（一口二百円）　　円を同封送金いたします。

一九五八年　　月　　日

日中国交回復国民会議
御中

台湾新聞人招待経費

1959年8月7日～9日　3日間

人数　11名
総額　512,711円
一社当り　36,600円

（毎日、朝日、読売、産経、東タイ、ジャパンタイムズ、
西日本、北海道、共同、時事、日経、東京
中日）　計13社

香港・東京間 航空運賃
1等　361.70ドル（130,250円）
エコノミー　262.10ドル（94,400円）

20 理事会

第1案 10名　この定員できす
2　15名

~~20日~~間
3週

到着から帰国までの経費.

日程についての希望はあらかじめとる
統一行動をとる.

東京 10日
ほか 10日

8月～9月　または　10月中旬以降

北九州　別府　長崎,

苫小牧　札幌　　製鉄 造船, 紡績. 電力, 石油化学.

小倉 2泊
別府 1泊
広島 1泊
神戸
大阪 2泊
岸和田
京都
奈良) 2泊.
名古屋 1泊　四日市

箱根　撮影所.
日光　農村
鎌倉　NHK
東京ガス　朝日
東芝　大日本印刷
キャノン　国会
トランジスター　防衛研
阪電　岸、藤山
大学
病院
松下
歌舞伎
国際

（　）

通訳2名

宿舎　帝国、第一、東急

	片	往
ツーリスト	145.60	262.10
[redacted] 一等	196.00	352.80

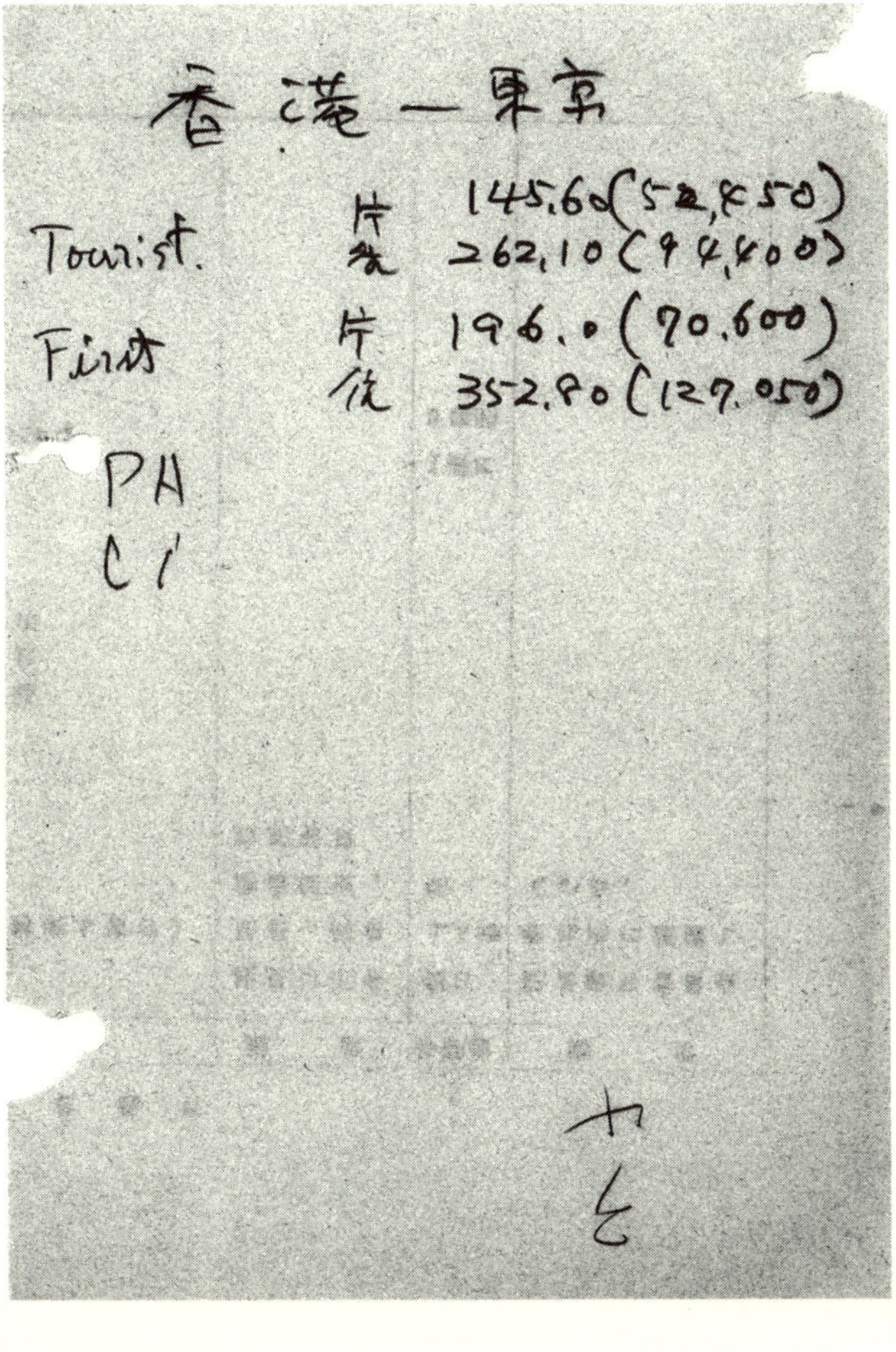

香港－東京

Tourist.	片	145.60(52,450)
	往	262.10(94,400)
First	片	196.0(70,600)
	往	352.80(127,050)

PA

CI

かと

（　　）

日中記者交換問題の経過

昭和三十一年九月から

昭和三十五年八月まで

一九六一、六、一三記

社団法人　日本新聞協会

様式 No.23 B5 上45

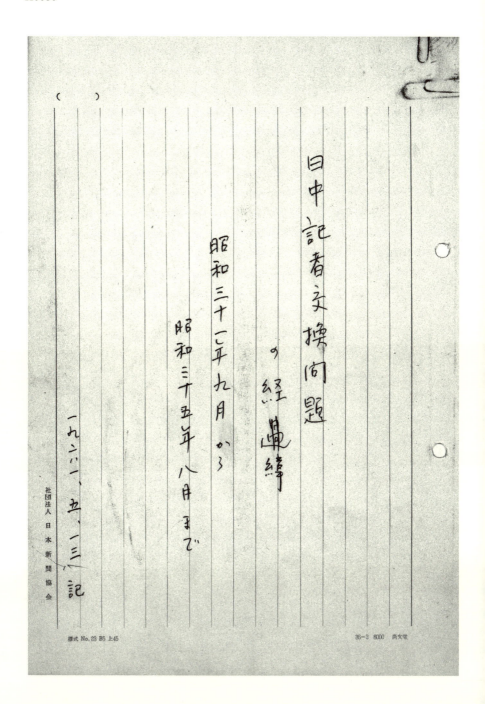

36―3 8000 尚文堂

（1）

日中記者交流の経過

一、昭和三十一年九月、中国新聞工作者联誼会会長、鄧拓より、新華社※の丁拓、呉冷西両記者の日本派遣について申請があった。

その後、ひきつづいて同联誼会と我が国外務省との間に折衝が行われ、当新聞協会も両記者の来日実現に協力した。しかしこの問題は、ついに実現

K0080

（２）

するに至らなかった。

二、しかし昭和三十二年八月十五日から第三回原水爆禁止世界大会が東京で開かれ、このために来日した中共代表団の中に呉学文、丁拓両記者が居り、両特派員から八月二十五日までの滞在期間を一か月延期することを日本政府が許可するようあっせんしてほしい、と当新聞協会に申入れがあった。

（３）

しかし当社、当協会の努力にもかかわらず、滞在期間延長の申請にあたって記入提出することになっていた旅行書の提出を両記者が拒否したことも一因となって、この期間延長は認められないこととなり、両特派員は八月二十三日羽田を出発した。

三、当時我が国からは、今村（共同）、松野（朝日）両特派員が北京に駐在していた。しかしたまたま八月に両記者の滞在期間がきれたので、その延長を申入れたが認められず、帰日せざるを得ないことになった。

社団法人　日本新聞協会

様式 No.23 B5 上45　　36-3 8000 尚文堂

（4）

四、一方、九月に行われる第四次日中貿易協定交渉のための協商代表団に随行する記者団として七名の記者が中国入りを希望したが、中国側から二名にしぼられ、結局実際に代表団に同行したのは共同通信の山田充彦記者一人ということになった。その上同記者の中国での取材活動も非常に制限されたものであった。

五、このような経過から、中日両国において、

（５）

記者交換問題が大きくとりあげられ、中共側は
大公報が、両国の記者交換は互恵平等の立場から
する相互主義でなければならないことを強調し、
中共側は日本からの特派員を広く受け入れているにも
かかわらず、日本側では中国記者の入国に大きな
制限を課している事実を批難した。
一方日本においても、日本ジャーナリスト会議が日中
記者交換の実現に努力するとの声明を発表する

社団法人　日本新聞協会

様式 No.23 B5 上45　　36-3 8000 尚文堂

(6)

（三十二年十一月十五日）など、新聞記者交換の実現を希望する声が上った。

六、かかるうちに、同三十二年十二月六日中日紅十字会代表、李徳全女史一行十三名が来日、二十六日までの予定で日中親善のために来日した（配船の都合で帰国は来年一月まで延びた）。

この代表団一行にまじって丁拓、呉学文両記者

（7）

が再び来日した。

両記者は十二月七日当新聞協会を訪問、横田事務局長ほか六名の日本新聞関係者と懇談、その席で、現在日中両国間の常駐記者を交換することが急務であるが、その足がかりとしてわれわれの滞在期間の延長を申請したい、と述べた。

一方、当新聞協会も両記者が李徳全女史一行と

（ 8 ）

共に来日し、再び滞在期間の延長を希望するとの情報を十一月中に得ていたので、前もって外務省、法務省、警察庁などの関係当局の意向を打診、両記者の滞在期間の延長が宜許可されるよう折衝を重ねた。

両記者は十二月十三日、法務省入国管理局に対して、五週間の在留期間更新許可を申請したので受理され、三十三年一月三〇日まで日本滞在が認められた。

（9）

この後両記者は滞在期間の再延長を希望したが（一月一〇日の会談において）横田事務局長は、滞在期間の再延長ということになると指紋の問題もからんでくるし（現在の外人登録法によると、滞在期間二か月を超える外国人は指紋を登録しなければならない）、一方中国側はこの指紋登録を拒否している、~~ため、中国側は~~、今回は一応一月三日に帰国して、改めて（特派員として）再入国を申請するほうがよいであろう、との意見を述べた。

（10）

更に横田事務局長が、現在日本からは一人も中国駐在特派員を出していないが、中国の方でまず日本の新聞記者を受け入れてそれから両記者の入国を申請するようにすれば、当協会としても~~両記者~~この問題に協力し易い、と述べた。

これに対して両記者は、以前は日本からの特派員を受け入れてきたが、現在では中国新聞工作者聯誼会は互恵平等の立場をとっているため、あく

(11)

ぜひ記者交換の計画を立てて両口から同時に発足するような形を考えている、~~[illegible]~~しかし人数の点では日本新聞界の事情も考慮して弾力のある考え方をしている、と答えた。

七、二の一月一〇日の~~新聞~~会談で、横田事務局長が、来月に行われる武漢広州日本商品展覧会に~~派遣されることになった~~日本新聞記者を派遣する~~ことになるとなって~~要件について協力

（12）

協力してくれるよう申し入れたところ、四名から六名くらいまでは展覧会の全会期を通じて滞在できるよう早速本国に連絡するとの返事であった。

その結果、六名の日本人記者が（四月末に商品展が終るまで）三か月滞中国滞在を許可される旨、北京より回答があった。

社団法人　日本新聞協会

様式 No.23 B5 上45　　36−3 8000 尚文堂

（13）

八、三十三年三月十六日付で中國新聞工作者聯誼会会長鄧拓氏から日本新聞協会会長東内親男氏にあてて、中日側では新華社の丁拓、要学文両記者を特派員として日本に派遣する用意を整えており、もし両記者の入国が許可されれば、中國側でも日本人記者二名の入国を許可する用意がある、との電文が入った。

これに対して、当新聞協会から、外人登録係

社団法人　日本新聞協会

様式 No.23 B5 上45　　36−3 8000 尚文堂

(14)

は二月二十六日に公布されたが、この発効は五月以後となる模様なので、入国は五月以降が適当と思う旨返電した。

(新外人登録法によれば、一か年以内の滞在については、指紋を登録しなくてもよいことになる)。

九、かかる情勢の中にあって、三十三年四月二日、長崎で開かれていた中国切手印紙展覧会会場に掲げられていた中華人民共和国国旗を

（15）

二名の日本人がひきおろしたという事件が起り、これを契きっかけとして、日中両国の関係は全く一変化するに至った。

このような情勢を打解し、日中の国交を回復するために、日本ジャーナリスト会議、の日中記者交換促進懇談会、風見章氏を議長とする日中国交回復国民会議などが、積極的に活動を始めた。

(16)

一〇、三十五年七月二十九日、劉寧一氏を団長とする中国代表団が総評の招きで、総評大会ならびに原水爆禁止大会に参加のため来日した。

翌七月三〇日、代表団の一員として来日した常呉学文記者を新聞協会笠置国際課長が訪問、非公式に横田事務局長が食事に招きたい旨伝えたが、日程がつまっているため

社団法人 日本新聞協会

様式 No.23 B5 上45　　36-3 8000 尚文堂

（ 17 ）

もあって、遂に、実現しなかった。

代表団一行は、今の分も滞在期間の延長を申し入れたが認められず、八月十一日帰国の途についた。

（保存）

昭和三十六年五月~~[illegible]~~十八両日開催の~~第卅七回常任理事会~~、第百八十二回理事会の口頭報告用資料として準備したが、時間の都合上、報告できなかった。

参考資料

日中記者交換問題の経緯

一、昭和三十一年、
新華社は九月に特派員二名の日本入国をわが国外務省に申請するとともに、当協会にも中国新聞工作者協会を通じてそのあっせんを依頼してきた。そこで当協会では外務省と折衝したが、日中両国間に国交が開かれていないため、政府機関内に正規の常駐特派員を交換することに異論があり、結論が出ないまま年を越した。

（2）

一、昭和三十二年

八月に東京で開かれた第三回原水爆禁止世界大会に参加するため来日した中国代表団に加わり、新華社の丁拓、呉学文両記者が入国、本協会を訪問して、大会終了後一ヵ月間滞在を延期したいから日本政府が許可するようあっせんしてほしいと申し入れた。本協会では外務省、法務省と折衝したが、治安当局の反対もあり、滞在延期は認められなかった。

これと時を同じくして、たまたま北京にいた朝日、共同の特派員も滞在許可期限が切れ、延長を認められず帰国した。

（3）

九月には第四次貿易交渉を報道のため七名の日本人記者が入国を希望したが、中国側では二名しか入国を許可しなかったので、共同の特派員一名のみが貿易代表団に随行した。

一、昭和三十三年

中国紅十字会長李徳全女史ら一行の随員として、新華社の丁拓、呉学文両記者が三十二年十二月来日、当協会を訪問して再度、滞在期間延長のあっせんを依頼したので、政府当局と折衝した結果、指紋問題のおこらない範囲内で一月末まで滞在が認められることとなり、その間に横田事務局長と丁拓、呉学文両記者との間で記者交換の実現方法につき

（4）

懇談が行なわれたが、中国側両記者は廖承志等の原則を強調した。なおこの懇談を通じて、二月に武漢、広州で開かれた日本商品展にわが国から六名の特派員を派遣する了解をとりつけた。

（二月に横田事務局長は台湾を訪問）

三月に中国新聞工作者協会から当協会に、新華社では丁拓、呉学文両記者を特派員として日本に派遣する用意を整えており、日本側が両名の入国を許可し次第、中国側も日本人記者二名の入国を許可すると打電してきた。当協会では新外人登録法（一年以内の滞在者は指紋を押さなくても

（5）

ない）の発行は五月以降なので、入国はそれ以後が適当と
思われると返電した。
（四月に長崎国旗事件）
その後、日中関係が悪化し、新聞協会との連絡はとだえ、
中国側はもっぱら総評、日本ジャーナリスト会議などと連絡
してきたようである。

一、昭和三十五年
七月に劉寧一氏を団長とする中国代表団が総評の招きで
来日。当協会から非公式に呉学文に懇談を申し入れたが、
日程がつまっているという理由で実現せず。呉学文は日本

（6）

ジャーナリスト会議メンバーに中国への招待を申し入れて帰国した。（十月にオーストリアのバーデンで開かれた世界ジャーナリスト大会に参加した日本ジャーナリスト会議のメンバーが、年末まで中国に招待された）

なお当協会では記者交換問題促進のため中国新聞人を日本に招待する案をも検討したが、協会が招くことについては一部に異論もあり、いまだ具体化する段階にいたってはいない。

局長へ

（1）

日中記者交換促進に関する報告

さきほど通商代表として中国を訪問した山本熊一
氏が北京で周恩来首相と会見した際、日中
記者交換問題が話題にのぼり、山本氏は帰国後
当協会に、日本側から具体案をもって交渉を
もちかければ、実現の可能性があるから
新聞協会で研究してみてほしいと申しいれ

（2）

てまいりました。当協会事務局がその他の筋から得た情報によっても、中国側は記者交換に関心を寄せている模様でありますので、昭和三十六年五月十六日に開かれた国際委員会で記者交換促進の方法を検討した結果、日本の政府側は交換する記者数をできるだけ少数にしぼりたい意向のようでありますが、とりあえず

社団法人　日本新聞協会

様式 No.23 B5 上45　　36—5 8000 尚文堂

（3）

会員社に常駐特派員を北京に派遣する希望の有無を問いあわせ、この人数にもとづいて政府の了解をとりつけたうえで、中国側の新聞協会である中国新聞工作者協会と文書による交渉をはじめる方針を決定いたしました。

以上

新協八六二号

昭和三十六年六月八日

会員社

代表者殿

社団法人日本新聞協会

事務局長　横田実

中国常駐特派員派遣に関する希望調査の件

日中記者交換の実現を促進するための折衝資料として、当協会会員社中に中国に常駐特派員を置くことを希望している社が何社あるかを調査いたしたいと存じます。

つきましては、短期滞在あるいは臨時特派員ではなく、少くとも一年間は記者を中国に常駐させたいという希望をおもちの社は、同封別紙にご記入のうえ六月二十五日までに当協会国際課あてお送りくださるようお願いいたします。

なおこの調査は五月に開かれた当協会国際委員会での話し合いにもとづき、日中両国間の常駐特派員交換を具体化するための資料を得るために行なうもので、同委員会ではつぎのような段階をふんで今後の折衝を進める方針であり、在京編集委員のご了解を得ております。

社団法人　日本新聞協会

一、とりあえず折衝の基礎となる特派員数を知るため、当協会会員社中に中国に特派員を常駐させることを希望する社が何社あるかを調査する。

一、その調査結果にもとづいて、希望社が特派員を派遣できるよう、日本政府側の了解をとりつける。

一、しかるのち当協会と中国新聞工作者協会との間で常駐特派員交換のための折衝を開始する。

ご承知のように中国側は特派員の交換にあたり互恵平等の原則を主張する可能性がありますし、日本政府側には入国してくる中国特派員の数をなるべく少数におさえるため、中国に行く日本の特派員数も少数に制限したい意向があるようであります。したがつて今回の調査による希望社がことごとく常駐特派員を中国に派遣できるようになるかどうかは、今後の折衝に待たなければならないことを、あらかじめお断りしておきます。

以上

中国常駐特派員に関する調査

中国に常駐特派員を派遣することを希望します。

社名

印

昭和三十六年六月　日

日本新聞協会国際課あて

新協八七〇号

昭和三十六年六月九日

会員社

代表者殿

社団法人日本新聞協会

事務局長 横田実

中国常駐特派員派遣に関する

希望調査文面中の訂正ご連絡の件

昭和三十六年六月八日付け新協八六二号でお問いあわせいたしました「中国常駐特派員に関する希望調査」の文面中に「在、京、編、集、委、員、のご了解を得ております」とありますのは「在◎京◎編◎集◎委◎員◎会◎幹◎事◎」の誤りでありますので、訂正させていただきます。

以上

編集

供覧	担当課長	総務課長	編集部長	局次長	局長
様式No.8		総務	編集 36.7.1 前田		

中国に常駐特派員を派遣することを
希望する社

国際委員会（五月）の決定にもとづき当協会
で会員社代表社に標題の希望を問いあわ
せたところ、つぎの十三社から希望がある旨
回答がありました。

朝日、毎日、読売、日経、産経、東京
中日、道新、西日本、南日本、共同、時通
NHK

国際 36.7.1 笠置

社団法人 日本新聞協会

様式 No.23 B5 上45　36-5 8000 尚文堂

31年12月の編集委員会での補べ

朝、毎、読、共同、サンケイ、東京、中日、西日本、

昭和三十一年十二月二十日付

中国新聞工作者協会会長 鄧拓殿

横田名

十二月十七日付貴電を感謝します。貴電にもとづき外務省と再度交渉し打開につとめているが、回答の第三点の「国際慣例を守って処理する」とは、具体的にいかなることを意味するかについて詳細な説明を願いたし。

また記者交換の実現した場合には、日本側の新聞社は貴方新華社から日本に送る特派員の数以上に多数の（八名ぐらいと推定する）特派員を派遣したいか[illegible]ものと思われるが、その場合貴国側でこれを認める用意があるか伺いたし。

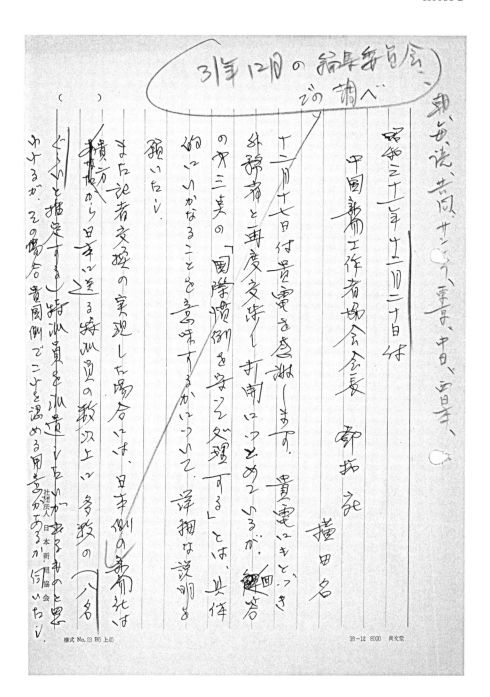

中国常駐特派員に関する調査

中国に常駐特派員を派遣することを希望します。

社名　共同通信社
大竹貞雄

昭和三十六年六月九日

日本新聞協会国際課あて

中国常駐特派員に関する調査

中国に常駐特派員を派遣することを希望します。

社名　株式会社時事通信社
代表取締役　長谷川才次

昭和三十六年六月十日

日本新聞協会国際課あて

中国常駐特派員に関する調査

中国に常駐特派員を派遣することを希望します。

社名　讀賣新聞社

昭和三十六年六月九日

日本新聞協会国際課あて

中国常駐特派員に関する調査

中国に常駐特派員を派遣することを希望します。

社名　東京都中央区日本橋茅場町二丁目十六番地
株式會社日本經濟新聞社
取締役社長　萬直次　印

昭和三十六年六月九日

日本新聞協会国際課御中

中国常駐特派員に関する調査

中国に常駐特派員を派遣することを希望します。

社名　毎日新聞社　印

編集局長代理

橋　善守

昭和三十六年六月九日

日本新聞協会国際課あて

中国常駐特派員に関する調査

中国に常駐特派員を派遣することを希望します。

国際 36.6.15 受理

社名

札幌市大通西三丁目六番地
株式会社北海道新聞社
代表取締役社長 中野以佐夫

昭和三十六年六月十日

日本新聞協会国際課あて

中国常駐特派員に関する調査

中国に常駐特派員を派遣することを希望します。

国際
36.6.10

社名　鹿児島市易居町二番地
株式會社南日本新聞社

株式會社南日本新聞社之印

昭和三十六年六月十三日

日本新聞協会国際課~~あて~~御中

中国常駐特派員に関する調査

中国に常駐特派員を派遣することを希望します。

社名　西日本新聞社

編集局長　林田　稔剛

昭和三十六年六月十日

日本新聞協会国際課　御中

中国常駐特派員に関する調査

中国に常駐特派員を派遣することを希望します。

国際
36.6.16
受置

社名 日本放送協会
報道局長 佐野弘吉

昭和三十六年六月十六日

日本新聞協会国際課あて

中日

国際
36.6.20
受理

中国常駐特派員に関する調査

中国に常駐特派員を派遣することを希望します。

社名　東京都千代田区内幸町二丁目一番地
社団法人　東京新聞社　印

昭和三十六年六月20日

日本新聞協会国際課あて

中国常駐特派員に関する調査

中国に常駐特派員を派遣することを希望します。

社名　株式會社産業経済新聞社
取締役社長　水野成夫

昭和三十六年六月二十四日

日本新聞協会国際課
あて
御中

中日は電話で申しこみ

THE TOKUSHIMA SHIMBUN

昭和三十六年六月十九日

社団法人 徳島新聞社
総務局長 阿部 滋

日本新聞協会
横田事務局長 殿

中国特派員派遣調査についてのご回答

前略

いつもながらご高配をいただきありがとうございます。

まことに残念ですが。今回は希望がありませんのでよろしくお取り計らい下さいますようお願い申し上げます。

右取急ぎ要用のみ。

以上

徳島新聞社
徳島市幸町1丁目32番地 電話徳島(代表)2–3131番
振替口座 徳島 2221番

井上正也（いのうえ・まさや）

1979年生まれ。

慶應義塾大学法学部教授。

神戸大学法学部卒、同大学院法学研究科博士後期課程修了、博士（政治学）。同大学院法学研究科専任講師、香川大学法学部准教授、成蹊大学法学部教授を経て現職。

著書『日中国交正常化の政治史』（名古屋大学出版会、2010年）、『戦後日本のアジア外交』（共著、ミネルヴァ書房、2015年）、『大平正芳の中国・東アジア外交』（共著、PHPエディターズ・グループ、2024年）他。


愛知大学国際問題研究所所蔵 LT・MT貿易関係資料 補巻1

日中記者交換関係資料　第1巻

2025年4月15日　印刷
2025年4月30日　発行

監修・解題　井上正也
発 行 者　鈴木一行
発 行 所　株式会社ゆまに書房
〒101-0047　東京都千代田区内神田2-7-6
電話 03-5296-0491（代表）

印　刷　株式会社平河工業社
製　本　東和製本株式会社
組　版　有限会社ぷりんてぃあ第二

第1巻定価：本体20,000円＋税　ISBN978-4-8433-6975-3 C3321
◆落丁・乱丁本はお取替致します。